Je Comprends tout !

Français

CM2

Direction de collection :
Isabelle Petit-Jean
Professeur des écoles

Auteur :
Bruno Fazio
Professeur de français

Illustrations :
Mauro Mazzari
Mado Seiffert

Sommaire

Grammaire

Conjugaison

Orthographe

Vocabulaire

Et plein d'autres tests d'évaluation à faire sur Internet ! www.jecomprendstout.com

 ISBN : 978 209 186 696-3

Reconnaître des mots variables

Je retiens

Aucun mot ne varie dans « Il a le sourcil noir. »

Si, regarde : « Ils **ont** les sourcils noirs. »

- Les noms, les adjectifs et les déterminants ont un **genre** et **varient en nombre** : la belle table → **les** belle**s** table**s**.
  GN fém. sing. → fém. plur.

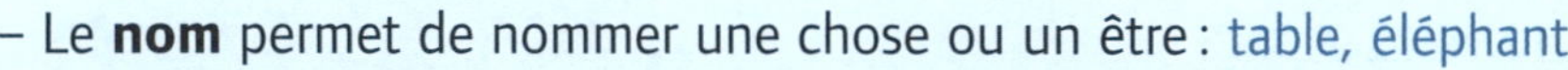

– Le **nom** permet de nommer une chose ou un être : table, éléphant.
– Le **déterminant** présente le nom : **une** table.
– L'**adjectif** décrit le nom : une table **énorme**.
– Le **verbe** se conjugue et sa terminaison indique la personne et le temps : courir → cour/**aient** (3e personne du pluriel de l'imparfait).

Je m'entraîne

1 Dans chaque liste, barre le mot qui n'est pas un nom.

a. voiture – fenêtre – école – dormir

b. armoire – vouloir – miroir – foire

c. four – pour – tour – roue – remous

2 Souligne tous les verbes conjugués ou à l'infinitif.

a. L'aigle royal peut avoir 2,3 m d'envergure.

b. En général, il chasse ses proies à basse altitude.

c. Il pèse entre 3 et 6,5 kilogrammes.

d. Il mange entre autres des lièvres et des tortues.

3 Entoure les déterminants des phrases suivantes.

a. Un grand oiseau a volé mon goûter.

b. Saviez-vous que le milan est un rapace ?

c. Pour voler, il utilise sa queue comme gouvernail.

d. Il niche souvent dans un ancien nid de corbeau.

J'approfondis

4 Indique si les mots en gras sont des adjectifs ou des noms.

a. La **buse** est un rapace, comme l'**aigle**.

→ ....

b. Ses ailes sont grandes et **larges**.

→ ....

c. Elle exécute en vol des **descentes spectaculaires**.

→ ....

d. Elle n'attrape que de **petites proies**.

→ ....

5 Range dans le tableau les noms, les adjectifs et les verbes du texte.

Le vautour à tête rouge possède des ailes longues. Il a un bon odorat et ses pattes sont puissantes.

Noms	Adjectifs	Verbes
....	....	....
....	....	....
....	....	....
....	....	....
....	....	....

Retrouve-nous sur www.jecomprendstout.com, d'autres tests t'attendent !

Infos parents

- En CM2, il est important de bien reconnaître les **mots variables** afin de savoir les accorder.
- Au collège, votre enfant apprendra à repérer les mots de nouvelles classes grammaticales : les **prépositions**, les **conjonctions** et les **interjections**.

Distinguer des mots invariables

Je retiens

Tôt ou **tard**, tu avoueras !

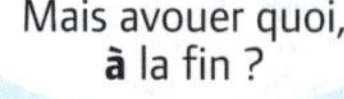

- Il te faut connaître 3 grandes classes de mots invariables en genre et en nombre.
- Les adverbes :
  – de lieu : ici, là.
  – de temps : bientôt, hier, demain, à présent, aujourd'hui, tard, tôt…
  – de manière : facilement, rapidement…
- Les 7 conjonctions de coordination : mais, ou, et, donc, or, ni, car.
  Certaines expriment : – la conséquence : donc.
  – la cause : car.
- Les prépositions : à, de, par, pour, sans, avec, dans, en, chez…
  En liaison avec d'autres mots, elles peuvent exprimer :
  – le lieu : **chez** moi ; **au-dessus de** toi, **à cet endroit**…
  – le temps : **dans** un instant…

Je m'entraîne

1 Dans chaque liste, entoure le mot invariable.

a. fille – grand – un – avec.

b. addition – lentement – ma – maison.

c. aujourd'hui – crayon – facile – cet.

d. magnifique – fleur – donc – elle.

2 Souligne dans chaque phrase le mot invariable.

a. Éric voudrait écrire à son oncle.

b. Ils ont oublié de faire les courses.

c. Demain, les élèves utiliseront leur équerre.

d. Léa aime les chiens et les chats.

3 Relie chaque mot à sa nature.

Donc •	
Mais •	• préposition
Ici •	• conjonction
à •	• adverbe
Maintenant •	
Dans •	

J'approfondis

4 Indique la classe du mot souligné.

a. Nicolas se sent mal, il veut rentrer <u>chez</u> lui.
❑ adverbe ❑ préposition

b. Virginie a du mal <u>à</u> apprendre sa leçon.
❑ adverbe ❑ préposition

c. Viens <u>ici</u>, j'ai quelque chose à te dire.
❑ adverbe ❑ préposition

d. Réponds-moi <u>franchement</u> : as-tu menti ?
❑ adverbe ❑ préposition

e. <u>Dans</u> quelques heures, nous connaîtrons le résultat. ❑ adverbe ❑ préposition

f. Je t'appelle au plus <u>tard</u> demain.
❑ adverbe ❑ préposition

5 Place les mots suivants au bon endroit : *tôt* – *car* – *ici* – *de*.

a. Il a mal à la main .... il s'est brûlé.

b. Johanna est revenue plus .... que nous ne l'imaginions.

c. Auras-tu besoin .... mon aide pour faire tes devoirs ?

d. Si Patrice passe par ...., préviens-moi.

Infos parents

- Si la liste des conjonctions de coordination est « fermée » (il y en a 7), celle des adverbes et des prépositions est très longue et « ouverte ».
- Au collège, votre enfant apprendra à transformer une phrase exprimant une cause (avec « car ») en une phrase exprimant une conséquence (avec « donc » ou « alors »).

Comprendre la relation sujet-verbe

Je retiens

- Le verbe s'accorde **en personne et en nombre** avec son sujet :
  Ils man**gent**.
  sujet verbe
- Pour trouver le sujet dans une phrase, on répond à la question : « **qu'est-ce qui** + verbe ».
- On parle de **groupe sujet** (**GS**) quand le sujet est construit avec plusieurs mots :
  Les jeunes enfants de mon oncle mangent.
  groupe nominal sujet
  → C'est le nom noyau enfants qui commande l'accord du verbe.
- On parle de **groupe verbal** (**GV**) quand le verbe est suivi d'un complément que l'on ne peut pas déplacer :
  Les jeunes enfants de mon oncle / mangent une pizza très chaude.
  groupe sujet groupe verbal

Bref, pour faire court, une bague qui te va !

Je m'entraîne

1 Entoure le sujet des phrases suivantes.

a. Mes parents partiront en vacances sans moi cette année.

b. Le facteur, hier, a oublié de distribuer le courrier dans le quartier.

c. As-tu peur des loups ?

d. Pour qui travaillez-vous ?

e. Le fils de Zorro est bien de son père.

2 Entoure le sujet et souligne le verbe conjugué des phrases suivantes.

a. Depuis cinq ans, j'étudie l'allemand.

b. Les langues étrangères me passionnent.

c. Les élèves, souvent, apprennent d'abord l'anglais.

d. Mais on peut faire un autre choix.

3 Relie les pronoms aux groupes nominaux qui leur correspondent.

il •	• les glaces du marchand
ils •	• les vêtements d'hiver
elle •	• le film favori de mes cousins
elles •	• la fille des épiciers

J'approfondis

4 Réduis au minimum chaque GS.

Les spécialistes en informatique (→ Les spécialistes) sont très recherchés.

a. Les professeurs de musique et d'anglais (......................) sont en grève.

b. Le supermarché du coin (......................) est fermé.

c. Un très beau film d'aventures coréen (......................) vient de sortir.

d. Le plus grand concert de jazz de l'année (......................) est annulé.

5 Complète par un verbe au présent.

a. Le mécanicien .... **une automobile**.

b. À la fin du repas, mes grands-parents .... **un café**.

c. En été, on .... **des glaces**.

6 Complète les phrases avec un GS.

a. .... écoutent les oiseaux chanter.

b. .... arrive toujours en retard.

c. .... regardent trop la télévision.

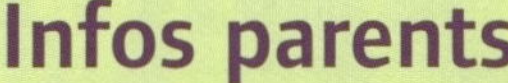

Infos parents

La relation groupe sujet-groupe verbal doit être approfondie en travaillant les règles de l'accord du sujet avec le verbe. C'est pourquoi vous pouvez demander à votre enfant de réaliser ensuite les exercices des leçons 30 et 31 (partie Orthographe).

Différencier le COD du COI

Je retiens

Tu sais **à quoi** je pense ? Et **à qui** j'ai écrit une belle lettre ?

Tu sais **qui** j'appelle si tu m'embêtes ?

- Les compléments d'objet sont des mots qui complètent le verbe. On ne peut pas les déplacer.
- Le **complément d'objet direct** (**COD**) répond à la question : « sujet + verbe + **quoi / qui** ».
  J'appelle **mon frère** (COD). → J'appelle **qui** (COD) ? Mon frère.
- Le **complément d'objet indirect** (**COI**) répond à la question : « sujet + verbe + **à quoi / de quoi** ou **à qui / de qui** ».
  Pierre écrit **à son oncle** (COI). → Pierre écrit **à qui** (COI) ? À son oncle.

Attention ! Le verbe *être* n'est jamais suivi d'un COD mais d'un attribut.

Je m'entraîne

1 Pour chaque groupe en gras, coche la bonne case.

	COD	COI
J'aime **les glaces à la vanille.**		
Jean défend **son épouse.**		
Paolo sourit **à tout le monde.**		
Mêle-toi **de tes affaires !**		
Lydia chante **ma chanson préférée.**		

2 Complète les verbes avec le bon complément, puis indique s'il est COD ou COI.

une lettre – ces messieurs – des fleurs – échecs

a. Je demande à .... de se taire.
→ ....

b. J'apporte .... à ma tante.
→ ....

c. Clarisse écrit .... à son cousin.
→ ....

d. Fabrice joue aux ....
→ ....

J'approfondis

3 Entoure le COD.

a. Je commence mon exercice.

b. Avez-vous vu ce film magnifique ?

c. Robert chante une chanson pour ses neveux.

d. Nous offrons des truffes à notre maîtresse.

4 Entoure le COD et souligne le COI quand il y en a un.

a. Peter demande un disque à son frère.

b. Clara prête sa colle à son camarade.

c. Il mêle son meilleur ami à une étrange affaire.

d. Les élèves ont préparé un gâteau au chocolat.

5 Invente un COD ou un COI pour compléter le verbe.

a. Mon père **achète** .... à sa sœur.

b. Pierre **a vendu** .... sur Internet.

c. En partant, elle **a fermé** ....

d. Éric **a prêté** un jeu à ....

e. Tina **a offert** un cadeau à ....

Infos parents

En grammaire, la terminologie peut être fluctuante. Si une phrase comporte à la fois un COD et un COI, on nomme parfois ce dernier **COS** (complément d'objet second) au collège.

5 Grammaire

Reconnaître les compléments circonstanciels (lieu et temps)

Je retiens

On ira **où** tu voudras, **quand** tu voudras.

Non ! Tu iras **où** tu voudras **quand** tu pourras.

- Un **complément circonstanciel** (**CC**) est constitué d'un ou de plusieurs mots donnant des indications sur l'action exprimée :

  Hier, il y a eu un incendie **à la patinoire.**

  CC de temps — CC de lieu

- Le **CC de lieu** répond à la question : « **où** + action principale ».
- Le **CC de temps** répond à la question : « **quand** + action principale » :

  Où / quand y a-t-il eu un incendie ?
- En général, un CC est **déplaçable** et **effaçable :**

  Il y a eu un incendie, **hier.** → Il y a eu un incendie.

Je m'entraîne

1 Indique « CCL » ou « CCT » pour chaque groupe en gras.

a. **En hiver,** la luminosité diminue. → ....

b. Olga et ses amies sont allées **à la piscine** dimanche. → ....

c. Le chat, **au milieu des étals du marché,** se régale. → ....

d. Amira, Sylvia et Youri seront majeurs **dans cinq ans.** → ....

2 Retrouve le CCL et complète les phrases.

a. en hiver – parce qu'on est amis – à la plage

On s'amuse bien ....

b. dans sa chambre – chaque dimanche

Ma grand-mère tricote ....

3 Retrouve le CCT et complète les phrases.

a. pour ronfler – près de chez moi – parfois

Je vais au cinéma ....

b. dans quatre mois – pour rouler à moto

Ernest vendra sa voiture ....

J'approfondis

4 Souligne les CCT.

a. Demain, j'irai chez le docteur.

b. Luc passera son examen dans deux mois.

c. Je suis allé au cirque, hier, avec des amis.

d. En 2049, il n'y aura peut-être plus de cabillauds.

e. Attention, cher public, dans un instant, ça va commencer !

5 Souligne les CCT et entoure les CCL.

a. Il y a du monde dans la cour.

b. La navette spatiale partira dans un an.

c. À la fin d'un spectacle, j'applaudis.

d. Il voyait l'horizon sur son bateau.

e. Un chien aboie au bord de la route.

6 Complète les phrases par un CCL de ton invention.

a. Nous arriverons bientôt ....

b. Il y a un chat ....

c. J'entends un loup qui hurle ....

d. Elle a mis sa trousse ....

e. Éric joue au football ....

Infos parents

Les nouveaux programmes ont simplifié les différents compléments circonstanciels à maîtriser en fin de CM2. Leur connaissance sera développée en 6e, avec l'identification du complément circonstanciel de cause.

Savoir ponctuer

Je retiens

Quelle idée ! On ne va pas te comprendre !

- Une **phrase** commence toujours par une **majuscule** et se termine par un **point.**
- Le **point** (ainsi que le point d'interrogation et le point d'exclamation) indique que l'on peut marquer une pause très nette et reprendre sa respiration :

  Il a marqué un but exceptionnel**.** C'est son neuvième de la saison.

  Après un point, il y a une majuscule :

  Je parle. **T**u n'écoutes pas.
- La **virgule** indique une courte pause, pour reprendre son souffle, à l'intérieur d'une phrase :

  Ce week-end**,** il a marqué un but exceptionnel.

Je m'entraîne

1 Place les quatre points qui manquent.

Les équipes entrent sur le terrain Les spectateurs applaudissent On entend l'hymne Les joueurs se tiennent droit, avec respect Certains ont les larmes aux yeux.

2 Replace les signes « ! ? . ».

a. Tais-toi donc

b. Viens-tu avec nous, ce soir

c. J'ai mal à la tête Est-ce que tu aurais un cachet

d. Que c'est beau

3 Place au bon endroit les virgules.

a. Hier j'étais malade.

b. Dans un instant je te rejoins.

c. Parfois la maîtresse bafouille.

d. À la fin du film j'ai pleuré.

e. Si Jeanne gagne au Loto elle offrira un beau voyage à ses parents.

J'approfondis

4 Entoure les lettres qui auraient dû prendre une majuscule.

Julie fait du tennis. elle possède une licence depuis trois ans. son entraîneur est un ancien joueur professionnel. va-t-elle réaliser un bon tournoi ? elle se prépare très sérieusement.

5 Barre les points et les majuscules mal placés.

Un crocodile qui. A mal aux yeux se. Décide à consulter un. Médecin. Il est reçu par une. Chouette qui lui. Conseille de porter des lunettes.

6 Place une virgule, un point et un point d'interrogation.

En allant à l'école Clara se rend compte qu'elle n'a pas nourri son chat Sacha Doit-elle faire demi-tour et risquer d'arriver en retard à l'école

Retrouve-nous sur www.jecomprendstout.com, d'autres tests t'attendent !

Infos parents

- La ponctuation de base (placer un point) doit être maîtrisée en fin de cycle 3.
- Pour prolonger cette leçon, vous pouvez recopier deux à trois lignes d'un livre de votre enfant en ayant enlevé les majuscules et les points, et lui demander de les replacer.

Reconnaître les différents types de phrases

Je retiens

Je connais les types déclaratif, interrogatif et impératif... et le 4e ?

Facile : exclamatif !

Les phrases se classent en quatre types, selon leur but.

- La phrase déclarative sert à **donner une information** :
  J'ai mal aux dents.
- La phrase interrogative sert à **poser une question** :
  As-tu faim ? Est-ce que tu as faim ?
- La phrase impérative sert à **donner un ordre ou un conseil**.
  Elle se termine par un point ou un point d'exclamation :
  Va chercher ta sœur à l'école. Habille-toi vite !
- La phrase exclamative sert à **exprimer un sentiment**.
  Elle se termine par un point d'exclamation :
  Paolo est insupportable ! (Sentiment : la colère.)

Je m'entraîne

1 Entoure les phrases impératives.

a. Va te coucher !

b. Lucas déteste le chocolat.

c. Quelle heure est-il ?

d. Sortez vos affaires.

e. Mains en l'air !

2 Entoure la seule phrase exclamative.

a. Veuillez présenter vos papiers.

b. Ferme vite la fenêtre !

c. Chut !

d. Qu'est-ce que tu m'énerves !

e. Viens-tu avec nous ?

3 Indique le type de chaque phrase (déclaratif, interrogatif, impératif, exclamatif).

a. Où sont mes affaires ? → ....

b. J'arrive dans un instant. → ....

c. Quel plaisir de te revoir ! → ....

d. Dépêchez-vous ! → ....

e. Ma voiture est en panne. → ....

f. Fais-moi goûter. → ....

J'approfondis

4 Ponctue les phrases avec les signes . ! ?.

a. Qui a peur du grand méchant loup

b. Un loup ? Quelle horreur

c. Les élèves se concentrent pour travailler

d. Comment allez-vous

e. Au secours

5 Transforme les phrases en phrases interrogatives à l'aide des mots en gras.

Luc *est malade.* → ***Qui*** *est malade ?*

a. **Paul** part en vacances.

– ....

b. Il rentre chez lui **car il est malade.**

– ....

c. John vit **au Venezuela.**

– ....

d. Il voyage **en train.**

– ....

6 Sur une feuille à part, invente une phrase de chaque type (déclaratif, interrogatif, exclamatif, impératif).

Infos parents

La phrase impérative est aussi appelée au collège **phrase injonctive** car elle n'est pas toujours au mode impératif : une injonction peut aussi être formulée à l'infinitif (*Ne pas piétiner la pelouse.*).

Distinguer les phrases simples et les phrases complexes

Je retiens

Je ne vais me baigner que quand il fait beau. C'est simple, non ?

Pas du tout : ta phrase est complexe !

- Une **proposition** est un ensemble de mots construit autour d'un verbe conjugué.
- Une **phrase simple** comporte un seul verbe conjugué : Je **cours** vite.
- Une **phrase complexe** comporte plusieurs verbes conjugués :
  Les Sirènes **chantaient** et **étourdissaient** les marins.
- Quand deux propositions sont reliées par les mots « **mais/ ou/ et/ donc/ or/ ni/ car** », elles sont coordonnées.
  Je rentre la poubelle/ car il pleut.
  1re proposition / 2e proposition
- Quand deux propositions sont séparées par une virgule, elles sont juxtaposées.
  Je rentre la poubelle, il pleut.

Je m'entraîne

1 Souligne les verbes conjugués.

Hercule est le fils de Jupiter. Son cousin lui demande d'exécuter douze travaux. Parmi ses exploits, il tue le lion de Némée et il capture le taureau blanc.

2 Range les phrases dans le tableau en reportant leur lettre.

a. Il y a cent milliards de cellules dans le cerveau humain.

b. Il est le chef d'orchestre de notre corps.

c. Il commande et reçoit des informations.

d. Le corps l'informe de ses besoins et le cerveau essaye de les satisfaire.

e. Il travaille même quand nous dormons.

f. Connaît-on bien toutes ses capacités ?

Phrases simples	Phrases complexes
....	....

3 Complète les phrases pour les rendre complexes.

a. Jules cria car ....

b. Inès alla au marché et ....

J'approfondis

4 Écris deux phrases simples en conjuguant chaque verbe.

Regarder : ....

Prendre : ....

5 Indique si les propositions sont coordonnées ou juxtaposées.

	Coordonnées	Juxtaposées
Mon stylo fuit mais je le garde quand même.		
J'étais absent car j'étais malade.		
Le président s'approche, il va parler.		
Hervé s'applique et écrit de mieux en mieux.		

6 Forme une seule phrase, avec des propositions coordonnées par « mais » ou « car ».

Ex. : Je vais jouer. J'ai fini mes devoirs.
→ Je vais jouer car j'ai fini mes devoirs.

a. Vincent n'est pas venu. Il était malade.
– ....

b. Juliette m'énerve. Je l'aime quand même.
– ....

Retrouve-nous sur www.jecomprendstout.com, d'autres tests t'attendent !

Infos parents

- Dès le CM2, votre enfant va découvrir la proposition subordonnée relative (voir leçon 14).
- Au collège, votre enfant va approfondir la troisième manière de lier des propositions : la *subordination*, avec les mots « parce que, afin que, avant que… »

9 Grammaire

Distinguer les pronoms personnels et les pronoms possessifs

Je retiens

- Un pronom peut remplacer **un nom** ou **un groupe nominal**.
  Zoé est heureuse. **Elle** a reçu un joli cadeau.
- En plus des **pronoms personnels sujets**, que tu connais, il y a des **pronoms personnels compléments**. Les plus importants sont **le / la / l'/ lui** au singulier et **les / leur** au pluriel. Ils sont placés avant un verbe.
  Clara regarde son frère → Clara **le** regarde. **le** remplace « son frère ».
- Il existe 6 pronoms possessifs au masculin singulier : **le mien**, **le tien**, **le sien**, **le nôtre**, **le vôtre**, **le leur.** Chacun se met au féminin et au pluriel.
  Sa trousse est toute sale. **La mienne** est bien propre.

Je m'entraîne

1 Remplace les mots en gras par *Il(s)* ou *Elle(s)*.

a. **Ma voiture** est en panne. .... ne démarre pas.

b. **Louis XIV** était un grand roi. .... a régné durant 72 ans sur la France.

c. **Les actrices** se maquillent. .... vont bientôt monter sur scène.

2 Entoure *le* et *la* s'ils sont pronoms personnels compléments.

a. **Le** journal du soir ? Je **le** regarde souvent.

b. **Le** chat de Véra miaule si on **le** gronde.

c. **La** fille de mes voisins a grandi. J'ai du mal à **la** reconnaître.

3 Indique si les mots soulignés sont des déterminants ou des pronoms possessifs.

	Déterminant	Pronom
a. Notre maîtresse est gentille.		
b. La vôtre est un peu sévère.		
c. Donne ce stylo, c'est le mien !		

J'approfondis

4 Entoure le pronom qui remplace le groupe de mots en gras.

a. Bruno vend **des disques**. Il (le – la – les) vend.

b. Zoé regarde **ses photos**. Elle (lui – les – le) regarde.

c. Yvan cassa **sa montre**. Il (les – la – l') cassa.

5 Remplace les mots en gras par *le*, *la* ou *lui*.

a. Je parle **à David**. Je .... parle.

b. Il nourrit **sa fille**. Il .... nourrit.

c. Steve chante **sa chanson préférée**. Il .... chante.

d. Tu lis **ton journal**. Tu .... lis.

6 Remplace le nom souligné par un pronom possessif qui convient.

a. Ma chemise est plus belle que ....

b. J'aime bien mes chaussures, mais j'aime aussi ....

c. Ton stylo écrit bien, ... aussi.

Infos parents

- Il ne faut pas confondre les pronoms *le*, *la*, *l'*, *les* avec les articles définis *le*, *la*, *l'*, *les* ! Les articles sont placés avant un nom ou un adjectif, tandis que les pronoms sont placés avant un verbe.
- Rappelez à votre enfant qu'un pronom possessif est formé de deux mots. Ainsi, il ne confondra pas le pronom personnel complément *leur* avec le pronom possessif *le leur*.

Distinguer les pronoms démonstratifs, interrogatifs et relatifs

Je retiens

Qui c'est, le plus beau ?

« Ce n'est pas celui que tu crois ! »

- Il y a deux catégories de **pronoms démonstratifs** :

– ceux qui varient en genre et en nombre : celui, celle, ceux, celles, auxquels on peut ajouter « -ci » ou « -là ».

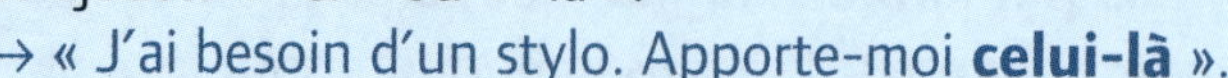

→ « J'ai besoin d'un stylo. Apporte-moi **celui-là** ».

– ceux qui sont invariables : ce (c'), cela, ça.

→ « **C'**est énervant, à la fin ! »

- Les **pronoms interrogatifs** servent à poser une question.

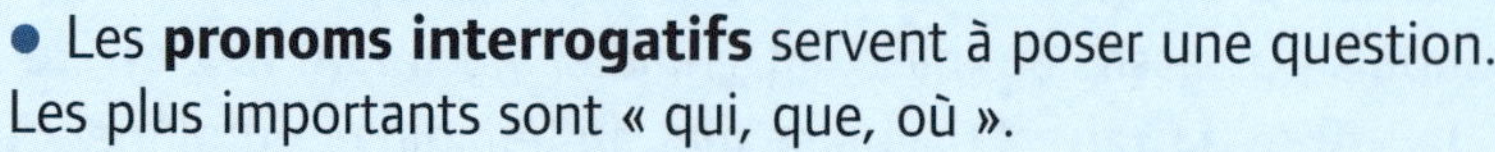

Les plus importants sont « qui, que, où ».

→ « **Où** sont mes chaussettes ? »

- Les **pronoms relatifs** complètent un nom. Les plus importants sont « qui / que / quoi / dont / où ».

→ « Il y a une **ville où** j'aimerais aller : New-York ! »

Je m'entraîne

1 Entoure les pronoms démonstratifs.

a. Cet arbre est immense, celui-ci est petit.
b. Cette robe est belle, mais je vais plutôt acheter celle-là.
c. Celui qui veut poser une question doit lever le doigt.
d. Cela fera 10 euros, s'il vous plaît.
e. Alors comme ça, on déménage ?

2 Barre les mots qui ne sont pas des pronoms démonstratifs.

cela – cet – où – quoi – ça – ceux – que – elles – ceux-là – cette – la mienne – lui – dont – celle-ci – ces – celles – qui – vous – on – c' – celui – le nôtre.

3 Indique si les mots soulignés sont des pronoms interrogatifs ou relatifs.

	Interrogatifs	Relatifs
Qui pourrait m'aider ?		
J'ai lu un livre qui faisait peur.		
Où habitez-vous ?		
Ce chien cherche un endroit où dormir.		
Le bonnet que tu portes est joli.		

J'approfondis

4 Complète les phrases avec les pronoms relatifs « *qui* », « *que* », « *dont* » et « *où* ».

a. Sabine a perdu le collier .... Florent lui a offert.

b. Nous apprenons une poésie .... nous réciterons demain.

c. Le livre .... tu me parles semble intéressant.

d. Voici le collège .... j'irai bientôt.

e. Les plats .... fait maman sont excellents.

5 Remplace le nom souligné par un pronom démonstratif qui convient.

a. Ce garçon est très sérieux, mais .... -ci est un peu bavard.

b. Yvan n'aime pas cette chemise, il préfère .... -là.

c. Quelles lunettes te plaisent le plus : .... -ci ou .... -là ?

d. Ces classeurs sont neufs, tandis que .... -là sont abîmés.

e. Éric a essayé un pull, mais ce n'est pas .... -ci qu'il va acheter.

Infos parents

Cette leçon, préconisée par les nouveaux programmes, n'est pas si facile et sert à bien préparer le collège, où l'on demandera de plus en plus à votre enfant de reconnaître les différents pronoms et de savoir les utiliser.

Reconnaître les principaux déterminants

Je retiens

Il était **une** fois **une** fille adorable, **la** plus belle du monde…

- Un déterminant sert à **présenter un nom** :
  Le garçon, **un** arbre, **sa** valise.
- Parfois, il y a un **adjectif** entre le déterminant et le nom :
  Un **grand** arbre.
- Les déterminants s'accordent **en genre et en nombre** avec leur nom.
  On distingue :
  – les **articles définis** (*le, la, l', les*) ;
  – les **articles indéfinis** (*un, une, des*) ;
  – les **déterminants possessifs** (*mon, ton, son, ma, ta, sa, notre, votre, leur, nos, vos, leurs*) ;
  – les **déterminants démonstratifs** (*ce, cet, cette, ces*).
- Il y a aussi les articles contractés ***au*** et ***du*** :
  Au marché, on vend **du** pain.

Elle tomba amoureuse **du** prince **le** plus merveilleux : moi !

Je m'entraîne

1 Barre les mots qui ne sont pas des déterminants.

le – ce – la – ici – mes – des – un – ballon – dé – les – l' – pour – cette – avec – lui – mon – car – mais – notre – du – sac – sa

2 Entoure les déterminants.

Le loup gris peut peser soixante kilos. C'est un ancêtre du chien domestique. Ce carnivore est devenu rare. Sa survie dépend de son intelligence. Sa meute est formée d'une dizaine d'individus.

3 Place le bon article défini (*le*, *la*, *l'*, *les*).

a. .... beau pantalon

b. .... bons artichauts

c. .... horrible personnage

d. .... soldats romains

e. .... étonnante aventure

f. .... grande tour

g. .... brave homme

h. .... méchante sorcière

J'approfondis

4 Place au bon endroit *ce*, *cette*, *du*, *au*.

a. Quand irons-nous .... cinéma ?

b. .... robe lui va très bien.

c. Que penses-tu de .... film ?

d. Sais-tu faire .... vélo ?

5 Relie chaque déterminant au reste de la phrase.

Ma •	• arbre risque de se casser.
Ton •	• ville s'est embellie.
Vos •	• pantalon est trop court.
Cet •	• fleurs vont se faner.

6 Range les déterminants dans le tableau.

Le castor est un vrai bâtisseur. Pour construire des digues et son logis il est capable d'abattre des arbres grâce à ses mâchoires puissantes.

Définis	Indéfinis	Possessifs
....	....	....
....	....	....
....	....	....

Infos parents

• Bien connaître les déterminants permet de moins se tromper dans les accords.
• La liste des différents déterminants sera complétée au collège, avec notamment les déterminants interrogatifs (*quel, quels, quelle, quelles*) et indéfinis (*tout, chaque, quelques*).

Distinguer l'adjectif attribut et l'adjectif épithète

Je retiens

Je suis **belle,** je suis **intelligente,** je suis **gentille.**

- Un adjectif s'accorde **en genre et en nombre** avec le nom qu'il qualifie :
  Une **gentille** princesse → gentille (fém. sing.) qualifie princesse.
- L'adjectif est **épithète** s'il n'est pas séparé du nom par un verbe :
  J'ai rencontré une **gentille princesse.**

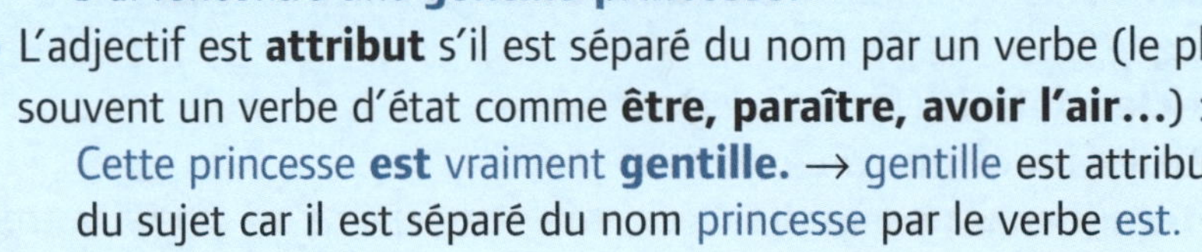

- L'adjectif est **attribut** s'il est séparé du nom par un verbe (le plus souvent un verbe d'état comme **être, paraître, avoir l'air...**) :
  Cette princesse **est** vraiment **gentille.** → gentille est attribut du sujet car il est séparé du nom princesse par le verbe est.

Je m'entraîne

1 Entoure l'adjectif attribut qualifiant le nom en gras.

a. Le **prince** est heureux.

b. Son **père**, lui, semble soucieux.

c. Les **enfants** sont ravis de jouer.

d. La **princesse** devient toute rouge.

2 Entoure le(s) adjectif(s) épithète(s) qualifiant chaque nom en gras.

a. Le méchant **chevalier** est de retour.

b. Cet **homme** très laid veut enlever la princesse.

c. Alors que la douce et jolie **demoiselle** dort, il l'emporte sur son **cheval** noir.

3 Indique si l'adjectif en gras est attribut ou épithète.

a. Les contes de fées sont **ennuyeux**.
→ ....

b. J'aime les **beaux** récits de chevalerie.
→ ....

c. Connaissez-vous de **nobles** chevaliers ?
→ ....

d. Le chevalier Lancelot est **intrépide**.
→ ....

J'approfondis

4 Complète avec les attributs du sujet.
attristée – laides – mignons

a. Les sorcières du royaume sont ....

b. Les bébés dragons sont très ....

c. La reine des bois semble ....

5 Récris chaque phrase en mettant le sujet au féminin.

a. Ton frère est gentil.
– ....

b. Cet homme a l'air heureux.
– ....

c. Le boulanger semble fatigué.
– ....

d. Le roi paraît serein.
– ....

6 Complète en ajoutant deux adjectifs, l'un épithète, l'autre attribut.

a. Cette .... princesse semble ....

b. Ce .... prince est ....

Infos parents

Quand votre enfant aura bien compris la distinction entre adjectif attribut et adjectif épithète, rappelez-lui un point essentiel de l'orthographe : l'adjectif s'accorde en genre et en nombre avec le nom qu'il qualifie.

Utiliser un complément du nom (CdN)

Je retiens

La fille **de mes rêves** habiterait Genève !

- Un CdN est un groupe de mots qui **complète un nom.** Il commence par une préposition (***à, de, par…***) ou par un article contracté (***au, du***) :
  La fille **de la voisine.**
- Le CdN fait partie du groupe nominal : c'est une **expansion du nom,** tout comme l'adjectif.
- On ne peut pas le déplacer, mais on peut le supprimer :

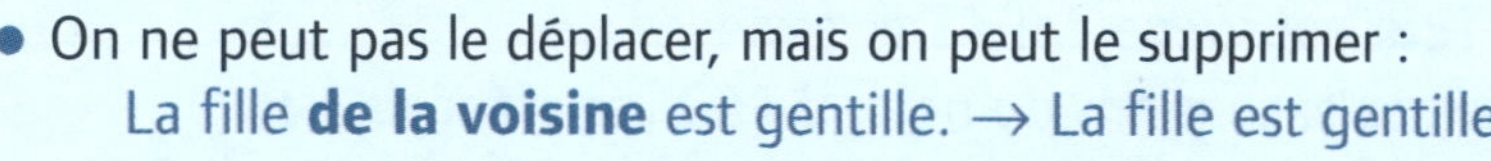

La fille **de la voisine** est gentille. → La fille est gentille.

Le garçon **de mes songes** dirait zéro mensonge !

Attention ! S'il y a un groupe de mots commençant par une préposition après un verbe, alors ce n'est pas un CdN :
Je veux de la grenadine.

Je m'entraîne

1 Trouve et souligne les CdN.

un bel avion – la voiture de course – la fille du patron – un meuble de jardin – un soldat de plomb – des garages immenses

2 Entoure la préposition au début de chaque CdN.

a. le champion de ski
b. la joueuse de tennis
c. une victoire sans contestation
d. un départ en fanfare
e. un gâteau à la vanille

3 Souligne les CdN.

a. Cet album de timbres est magnifique.
b. Ania a cuisiné une tarte aux pommes.
c. Le tapis de mes parents est usé.
d. Julie a égaré son dé à coudre.
e. Pierre a participé à un tournoi de gymnastique.

J'approfondis

4 Barre les groupes en gras qui ne sont pas des CdN.

a. Lionel et Rebecca vont **à la patinoire.**
b. La lumière **du jour** me gêne.
c. J'en appelle **à la tendresse.**
d. Mika retourne **à San Francisco.**

5 Remplace l'adjectif par un CdN.
Le discours présidentiel → du président.

a. Il a une démarche **éléphantesque.**
→ ……………………………………………………
b. Une mine **ferreuse** a été découverte.
→ ……………………………………………………
c. Quelle admirable réplique **théâtrale !**
→ ……………………………………………………

6 Complète les noms par un CdN.

a. J'aime les chansons ……………… .
b. Les films ……………… me font peur.
c. Avez-vous des chemises ……………… ?

Retrouve-nous sur www.jecomprendstout.com, d'autres tests t'attendent !

Infos parents

Pour reconnaître un complément du nom, il doit être à droite de son nom et commencer par une préposition ou un article contracté. Mais parfois, la préposition est effacée (*un diabolo menthe → **à** la menthe*).

Utiliser la proposition subordonnée relative (PSR)

Je retiens

J'aime les films **qui ont des effets spéciaux.** Et toi ?

Moi, j'aime les films spéciaux **qui ne manquent pas d'effets !**

- On peut aussi **compléter un nom** avec une proposition subordonnée relative (PSR) :
  Le **pantalon** [que je viens d'acheter].
- Une PSR est un groupe de mots qui contient **un seul verbe conjugué** et qui commence par les **pronoms *qui/que/quoi/dont/où*** :
  L'homme [**qui** nous regarde] a l'air étrange.
- Comme les autres expansions du nom, la PSR est **effaçable :**
  L'homme a l'air étrange.

Attention ! Une proposition commençant par *que* et complétant un verbe n'est pas une PSR : Je crois que tu parles trop.

Je m'entraîne

1 Barre les expansions en gras qui ne sont pas des PSR.

a. Quelle **étonnante** invention !

b. Les élèves **de ce collège** sont déprimés.

c. Le patron **du café** prend sa retraite.

d. J'aime les contes **qui finissent mal.**

2 Pour chaque phrase, recopie la PSR.

a. en rouge – qui court

Le monsieur .... est rapide.

b. que j'arrose – aux pétales jaunes

On m'a offert les fleurs ....

c. aux roues énormes – qui vient de partir

Le car .... va en Italie.

3 Complète chaque nom par une PSR.

a. Pierre déteste les histoires qui ....

....

b. La pâtisserie que ....

.... c'est l'éclair au chocolat.

c. Le maître rend le devoir que ....

....

J'approfondis

4 Barre les propositions entre crochets qui ne sont pas des PSR.

a. Je pense [que vous vous trompez].

b. Le livre [que je lis] est abîmé.

c. Le président déclare [que l'eau sera gratuite].

d. Nous espérons [que vous reviendrez nous voir].

5 Encadre la PSR qui complète le nom en gras.

a. Le **tableau** que je préfère est *La Joconde*.

b. J'écoute un **disque** qu'on ma prêté.

c. Les **caissières** qui nous sourient sont vraiment aimables.

6 Remplace l'adjectif par une PSR de même sens.

Un exercice faisable → un exercice que l'on peut faire.

a. Une réponse **acceptable.**

→ Une réponse ....

b. Un tapis **lavable.**

→ Un tapis ....

Infos parents

C'est au collège que l'étude de la proposition subordonnée relative sera approfondie : les élèves connaîtront la liste des différents **pronoms relatifs** et ils apprendront que le nom que cette proposition complète s'appelle l'« **antécédent** ».

Reconnaître l'infinitif et le groupe d'un verbe

Je retiens

Moi heureux connaître toi. Toi vouloir aller cinéma ?

- Un verbe est à **l'infinitif** quand il n'est pas conjugué :
  Veux-tu **venir** avec moi ?
- On classe les verbes en 3 groupes :
  - **1er groupe** : infinitif en ***-er*** (balay/**er**).
  - **2e groupe** : infinitif en ***-ir*** et terminaison en ***-issons*** à la 1re personne du pluriel au présent (grand/**ir** → nous grand/**issons**).
  - **3e groupe** : tous les verbes qui ne sont ni du 1er, ni du 2e groupe. Leur infinitif peut être en ***–ir*** (cour/**ir**), ***–oir*** (s'asse/**oir**), ***–re*** (fai/**re**).

Si toi parler normalement, moi répondre à toi !

Attention ! Le verbe *aller*, qui est irrégulier, appartient au 3e groupe.

Je m'entraîne

1 Entoure le seul verbe du 2e groupe.

parler – prendre – prédire – rougir – voir – embrasser – dormir – ranger – peindre

2 Souligne les verbes à l'infinitif.

Le kangourou peut mesurer 1,60 m. Si tu veux le rencontrer, il faut prendre l'avion pour l'Australie, où tu l'observeras vivre avec ses dix millions de frères.

3 Range dans le tableau ces infinitifs.

conduire – finir – pouvoir – écrire – réussir déranger – partir – casser – garnir – louer

1er groupe	2e groupe	3e groupe
....	....	....
....	....	....
....	....	....
....	....	....
....	....	....

J'approfondis

4 Donne l'infinitif des verbes en gras.

a. Le kangourou **est** un marsupial.
→ ....

b. Il **vit** en groupe.
→ ....

c. S'il a peur, il **bondit** pour fuir.
→ ....

d. Sa vitesse **atteint** 50 km/h.
→ ....

e. Les mâles **pèsent** plus lourd que les femelles.
→ ....

5 Donne l'infinitif et le groupe des verbes conjugués dans l'exercice 2.

....
....
....

6 Explique pourquoi rugir est du 2e groupe et tenir du 3e groupe.

....
....

Infos parents

Beaucoup d'élèves entrent au collège sans savoir précisément comment reconnaître le groupe d'un verbe. Il ne faut donc pas hésiter à faire travailler ce point à votre enfant en lui demandant comment il fait pour identifier les groupes.

Conjuguer au présent (1er et 2e groupes)

Je retiens

Je jou-**e**, tu jou-**es**, il jou-**e.**

- Pour conjuguer au présent les verbes du **1er groupe,** on enleve ***-er*** à l'infinitif et on ajoute les terminaisons ***-e, -es, -e, -ons, -ez, -ent*** :
  chant/**er** → je chant/**e** ; jou/**er** → tu jou/**es**.
- De même, pour les verbes du **2e groupe,** on enlève ***-ir*** à l'infinitif et on ajoute les terminaisons ***-is, -is, -it, -issons, -issez, -issent*** :
  fin/**ir** → je fin/**is** ; pâl/**ir** → ils pâl/**issent**.

Je m'entraîne

1 Entoure les verbes au présent.

Nous finissons ; vous dansez ; elle joue ; tu mangeas ; ils bondissent ; je dessine ; il finira ; vous démarrez ; ils rêvèrent.

2 Relie chaque sujet à son verbe.

tu •	• rougissez
Olga •	• réfléchissons
nous •	• aime
j' •	• s'amusent
Enzo et Pamela •	• discutes
vous •	• réfléchit

3 Complète chaque verbe au présent.

a. Pamela se mari......... dans une semaine.

b. Ce chat rugi......... comme un lion.

c. Tu gên......... ton voisin.

d. Il encourag......... son équipe.

e. Je nourri......... mon chien.

f. Vous faibli......... en fin de match.

4 Transforme au pluriel.

a. Tu alourdis → ....

b. Je conseille → ....

c. Il démolit → ....

d. Je maigris → ....

e. Tu consoles → ....

f. Elle chantonne → ....

J'approfondis

5 Complète le tableau au présent.

	Dessiner	Rugir
Je	....	....
Il	....	....
Elles	....	....
Vous	....	....
Tu	....	....
Nous	....	....

6 Accorde chaque verbe au présent.

a. Les enfants (remplir) .... et (ranger) .... leurs valises.

b. Cléopâtre (régner) .... sur l'Égypte pendant vingt et un ans.

c. Les soldats (obéir) .... docilement à César.

d. Antoinette et Clémentine (rechercher) .... un vol pour Rome.

e. Le vent (mugir) .... dans la forêt.

Infos parents

• Pour aider votre enfant à retenir les terminaisons au présent des verbes des 1er et 2e groupes, vous pouvez les lui faire réciter de temps en temps, comme on récite les tables de multiplication.
• Attention à la conjugaison particulière des verbes en *-ter* (je je**tt**e, nous jetons), *-ler* (j'appe**ll**e, nous appelons), *-yer* (je netto**i**e, nous nettoyons).

Conjuguer au présent (auxiliaires et verbes du 3e groupe)

Je retiens

Tu dois dire **vous dites** car « vous disez » n'est pas français !

- La majorité des verbes du **3e groupe** a les terminaisons suivantes : ***-s, -s, -t*** ou ***-d, -ons, -ez, -ent.***
  Je di**s,** tu vien**s,** il voi**t,** il pren**d,** nous fais**ons,** vous pouv**ez,** ils dis**ent.**
- Attention aux particularités :
  – **pouvoir** au singulier donne je peu**x,** tu peu**x,** il peu**t**.
  – **faire** et **dire** à la 2e personne du pluriel font vous **faites**, vous **dites**.
  – **aller** et **faire** à la 3e personne du pluriel font ils **vont**, ils **font**.
- La conjugaison d'**être** et **avoir** est à connaître par cœur.
  – Je suis, tu es, il est, nous sommes, vous êtes, ils sont.
  – J'ai, tu as, il a, nous avons, vous avez, ils ont.

Et toi, écris **vous faites** car « vous faisez » ça fait bébé !

Je m'entraîne

1 Écris les verbes à l'infinitif.

Tu es (................) ; je fais (................) ; elles peuvent (................) ; nous disons (................) ; elles savent (................) ; ils voient (................) ; il vient (................).

2 Relie chaque sujet au reste de la phrase.

Je •	• faites la cuisine.
Elle •	• sommes contents.
Vous •	• ai faim.
J' •	• vais à la fête.
Nous •	• viennent me chercher.
Ils •	• dit un mensonge.

3 Complète le tableau au présent.

	Aller	Prendre
Elle	....	....
Tu	....	....
Ils	....	....
Vous	....	....

J'approfondis

4 Complète les verbes au présent.

a. Antoine revien..... de la piscine.

b. Véra ne di..... pas toute la vérité.

c. Ces athlètes prenn..... des vitamines.

d. Va.....-tu au marché, ce matin ?

e. Est-ce que vous êt..... là ?

f. Je peu..... peut-être vous aider.

5 Mets chaque phrase au pluriel.

a. Le fermier est anxieux.

– ....

b. La vache a horreur du lait.

– ....

c. Peux-tu surveiller les moutons ?

– ....

6 Complète ce texte avec avoir et être au présent.

J'...................... froid. Nous .... en plein hiver et je ne .... pas assez couvert.

Retrouve-nous sur www.jecomprendstout.com, d'autres tests t'attendent !

Infos parents

- Les programmes de 2008 insistent sur la **mémorisation** de la conjugaison des verbes les plus fréquents (*faire, dire, aller, prendre, pouvoir*).
- Pour consolider les acquis de votre enfant, vous pouvez lui faire écrire la conjugaison de ces verbes.

Conjuguer au passé composé (1er et 2e groupes)

Je retiens

- Le passé composé est un temps du passé qui se forme avec les auxiliaires **être** ou **avoir au présent** + **le participe passé du verbe** :
  parler → j'**ai** parl**é**, tu **as** parl**é**...
- Le participe passé des verbes du **1er groupe** se termine par ***-é*** :
  parl/er → parl**é**.
- Le participe passé des verbes du **2e groupe** se termine par ***-i*** :
  grand/ir → grand**i**.

Attention ! Avec l'auxiliaire *être*, le participe passé s'accorde avec le sujet : il est tombé ; elles sont tombées...

Je m'entraîne

1 Barre les verbes qui ne sont pas au passé composé.

Tu grandis ; il chanta ; nous avons dansé ; vous avez parlé ; tu avais fini ; elle rougit ; ils ont éternué ; j'ai pâli ; nous travaillons.

2 Complète chaque verbe au passé composé avec *J'*, *Tu*, *Vous*, *Il*, *Nous*, *Elles*.

a. .... avez agrandi la cuisine.

b. .... as désobéi à ta grande sœur.

c. .... ont oublié leur cartable.

d. .... ai rougi en allant au tableau.

e. .... est sorti du cinéma.

f. .... avons gagné le championnat.

3 Donne l'infinitif de tous les verbes de l'exercice 1.

....

....

....

J'approfondis

4 Complète le tableau au passé composé.

	Rugir	Manger
J'	....	....
Elle	....	....
Ils	....	....

5 Accorde au passé composé les verbes.

a. Il (geler) .... toute la nuit.

b. L'avion (atterrir) .... sans difficulté.

c. Elles (charger) .... le camion.

d. Vous (fournir) .... des efforts.

6 Récris les phrases au passé composé.

a. La guerre de Troie dure dix ans.

– ....

b. Elle oppose les Grecs aux Troyens.

– ....

c. Les Grecs finissent par l'emporter.

– ....

Infos parents

Après cette leçon, vous pouvez vous rendre dans la partie Orthographe à la leçon 32 pour que votre enfant comprenne comment s'accorde le participe passé.

Conjuguer au passé composé (auxiliaires et verbes du 3e groupe)

Je retiens

Aujourd'hui, j'**ai** bien **ri :** hi, hi, hi !

Et moi, j'**ai** bien **bu :** hu, hu, hu !

- Le passé composé d'**avoir** se forme avec le participe passé **eu** : j'ai **eu,** tu as **eu**…
- Le passé composé d'**être** se forme avec le participe passé **été** : j'ai **été**, tu as **été**…
- Les autres verbes du **3e groupe** ont un participe passé masculin en :
  -i → r**i** (rire), part**i** (partir) ;
  -u → b**u** (boire), v**u** (voir), p**u** (pouvoir), s**u** (savoir), ven**u** (venir) ;
  -s → pri**s** (prendre), mi**s** (mettre) ;
  -t → fai**t** (faire), di**t** (dire), écri**t** (écrire).
- Exception : le participe passé du verbe **aller** se termine par ***é*** (il est all**é**).

Je m'entraîne

1 Écris pouvoir et faire à la 3e personne du singulier et du pluriel du passé composé.

....

....

2 Complète les phrases avec les mots proposés.
Le guépard – Les hirondelles – La girafe – Les loups

a. .... est allée se désaltérer.

b. .... a couru très vite.

c. .... sont partis chasser.

d. .... ont fait leur nid.

3 Récris les phrases au passé composé.

a. Le gorille rit.

– ....

b. Le crocodile sait pleurer.

– ....

c. Les gazelles peuvent échapper au lion.

– ....

d. Le lionceau fait le beau.

– ....

J'approfondis

4 Complète le tableau au passé composé.

	Boire	Partir
Elle	....	....
Il	....	....
Ils	....	....
Elles	....	....

5 Complète s'il le faut les participes passés.

a. Tina a écri.... à sa cousine.

b. Les facteurs ont fai.... leur tournée.

c. J'ai pri.... un colis à la poste.

d. Les postières sont allé.... ensemble à la manifestation.

6 Mets les phrases au passé composé.

a. Je vis un bel oiseau dans le ciel.

– ....

b. Cette alouette fit des pirouettes.

– ....

c. Puis elle vint près de moi.

– ....

Infos parents

Si votre enfant a du mal à trouver la terminaison d'un participe passé du 3e groupe, vous pouvez l'aider en lui demandant de le mettre au féminin. Cela permet d'entendre une éventuelle consonne muette au masculin (*pris* → *prise*).

Conjuguer à l'imparfait

Je retiens

Et si on se **lançait** dans l'écriture d'un conte ?

- L'imparfait est un temps simple du passé.
  Ses terminaisons sont ***-ais, -ais, -ait, -ions, -iez, -aient*** :
  parl/**er** → je parl/**ais**.
- Pour les verbes du **2e groupe**, il faut placer ***-iss*** avant ces terminaisons :
  fin/**ir** → je fin/**issais**.
- Pour les verbes en ***-cer***, il faut un ***c*** cédille avant le ***a*** :
  lanc**er** → je lan**ç**ais.
- Pour les verbes en ***-ger***, il faut placer un ***e*** avant le ***a*** :
  mang**er** → je mang**e**ais.

Et peu importe s'il est imparfait : « Il **était** une fois... »

Je m'entraîne

1 Barre les verbes qui ne sont pas à l'imparfait.

Je dessinai ; il jouait ; nous courions ; vous partez ; tu réfléchissais ; elle mangea ; ils se disputaient ; nous déjeunions ; vous pensiez ; il s'applique ; elle écrivait ; je reliai.

2 Relie chaque sujet à son verbe.

L'arbitre •	• étions nombreux hier.
Emma et José •	• ralentissais.
Vous •	• sifflait la fin du match.
Nous •	• venaient de se marier.
Tu •	• ronfliez autrefois.

3 Complète à l'imparfait.

a. Les joueurs étai......... en grande forme.

b. Hier, tu pren......... le temps de m'écouter.

c. Frédéric dans......... admirablement.

d. Les équipes s'affront......... en se respectant.

e. Cet athlète cour......... très vite.

f. Vous encourag......... votre équipe.

g. On visit......... un musée.

J'approfondis

4 Accorde à l'imparfait chaque verbe.

a. Avant, tu ne (déranger) .... jamais personne en jouant.

b. La vendeuse (attendre) .... patiemment les clients.

c. Ils (manger) .... bruyamment.

d. L'athlète (lancer) .... le javelot.

e. Je (vouloir) .... obstinément apprendre à jouer du violon.

f. Nous (réfléchir) .... tous ensemble à la leçon.

5 Récris les phrases en mettant le sujet au pluriel.

a. Tu apprenais à jouer aux dames.

– ....

b. Je déplaçais mon bureau.

– ....

c. Je mangeais à la cantine le midi.

– ....

d. Mon oncle se levait tôt le matin.

– ....

e. Il prenait un petit déjeuner complet.

– ....

Infos parents

- L'imparfait est un temps que les enfants savent bien conjuguer car ses terminaisons sont les mêmes pour tous les verbes.
- Au collège, l'enjeu sera d'apprendre à bien employer ce temps dans un récit au passé et à différencier son emploi de celui du passé simple, autre temps principal du récit.

Conjuguer au plus-que-parfait

Je retiens

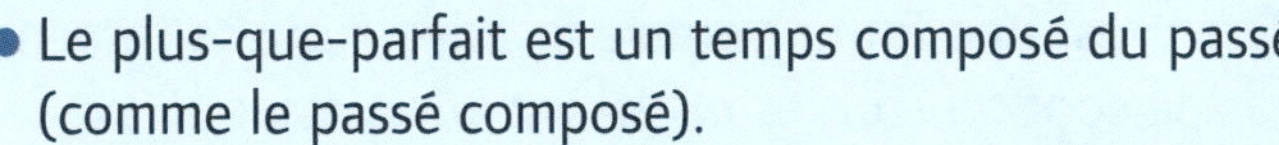

- Le plus-que-parfait est un temps composé du passé (comme le passé composé).
- Pour conjuguer un verbe au plus-que-parfait, tu dois apprendre la formule :

J'**avais fait** tous mes exercices hier, c'est correct ?

Mais c'est excellent, et carrément plus-que-parfait !

Auxiliaire être ou avoir à l'imparfait + participe passé du verbe = verbe au plus-que-parfait

parler → j'avais parlé, tu avais parlé…
grandir → il avait grandi ; nous avions grandi…
avoir → vous aviez eu ; être → ils avaient été

- Attention aux verbes qui utilisent l'auxiliaire être :

aller → il était all<u>é</u> / elles étaient all<u>ées</u>.

Je m'entraîne

1 Relie chaque verbe conjugué à son infinitif.

Elle avait demandé •	• voir
Ils étaient venus •	• dire
Vous étiez allés •	• demander
Nous avions dit •	• aller
J'avais vu •	• venir

2 Barre les verbes qui ne sont pas conjugués au plus-que-parfait.

Je dansais – Ils avaient fait – Nous avions dansé – Vous aviez vu – Je partirai – Tu voyais – Tu étais parti – Elle est venue – Ils avaient voulu – Elle était venue – Il a voulu – J'ai dit

3 Coche les phrases contenant un verbe conjugué au plus-que-parfait.

a. Clara était allée visiter Florence. ☐
b. Willy avait voulu l'accompagner. ☐
c. Il a pris une grande valise. ☐
d. Ils ont dit que ça leur a plu. ☐
e. Ils avaient vu des paysages superbes. ☐

J'approfondis

4 Complète le tableau au plus-que-parfait.

	Jouer	Voir
Nous	....	....
Tu	....	....
J'	....	....
Elles	....	....

5 Accorde au plus-que-parfait.

a. Les patineurs (terminer) .... leur échauffement.
b. Ils (éblouir) .... le public.
c. Les spectateurs (être) .... ravis.
d. Tu (voir) .... ton idole.

6 Récris les phrases en mettant le sujet au pluriel.

a. Tu avais fini de dîner.

....

b. Le chanteur était venu voir ses fans.

....

Infos parents

- Le plus-que-parfait sert surtout à exprimer un fait qui s'est produit avant un autre, dans un contexte passé.
- Exemple : Laura **récitait** son poème (action 1), qu'elle **avait appris** la veille (action 2, antérieure à l'action 1).

Utiliser les participes présent et passé

Je retiens

En **passant** par la Lorraine avec mes sabots…

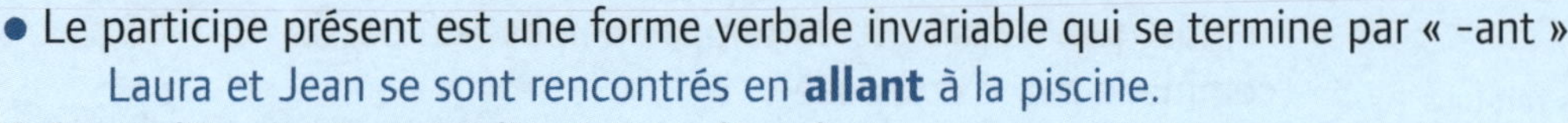

- Le participe présent est une forme verbale invariable qui se termine par « -ant ».
  Laura et Jean se sont rencontrés en **allant** à la piscine.
  Il donne l'impression que l'action se déroule sous nos yeux.
- Le participe passé est une forme verbale qui sert d'abord à conjuguer les verbes aux temps composés.
  j'avais mangé / tu as bu / elle sera partie.
  plus-que-parfait / passé composé / futur antérieur
  Il indique que l'action est terminée.
- Remarque : dans une phrase où il y a un temps composé et un temps simple, le participe passé exprime une action qui s'est déroulée ou qui se déroulera **avant** une autre.
  Quand tu **auras fait** tes devoirs, tu **t'amuseras**.
  (action 1) (action 2)

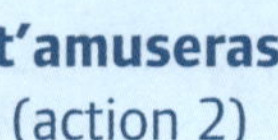

Je m'entraîne

1 Barre les mots qui ne sont pas des participes présents.

mangeant – pouvant – peuvent – jouent – jouant – allant – vont – prenant – prennent – venant – disant – disent – écrivant – sortant – chantas – chantant

2 Relie chaque verbe à son participe passé.

devoir •	• vu
dire •	• été
manger •	• pu
faire •	• dit
pouvoir •	• mangé
voir •	• dû
être •	• fait

3 Trouve l'infinitif des participes passés.

brillé →	couru →
venu →	allé →
chanté →	voulu →
dormi →	pris →
peint →	eu →

J'approfondis

4 Entoure le participe passé qui est bien accordé.

a. Un élève (arrivée / arrivé) en retard.
b. Des voleurs (aperçus / aperçu) dans la rue.
c. Une belle toile (peinte / peintes) par un artiste.
d. Des fleurs (offertes / offerte) pour un anniversaire.

5 Écris le participe présent de chaque verbe.

finir →	sonner →
remuer →	perdre →
conduire →	partir →
utiliser →	aller →
connaître →	vouloir →

6 Dans chaque phrase, souligne le verbe exprimant l'action qui a lieu avant l'autre.

a. Nathalie avait appelé Sarah, elle allait la rejoindre.
b. Pierre rangeait ses baskets, qu'il avait achetées en début d'après-midi.
c. Comme Laurent a travaillé avec sérieux, il se repose dans le canapé.

Infos parents

- Parfois le participe passé est employé sans auxiliaire, comme un adjectif : *un livre ouvert*.
- Au collège, votre enfant approfondira cette leçon, en distinguant notamment le participe présent (qui est invariable) et l'adjectif verbal (qui, lui, s'accorde avec son nom) : *des artistes amusant leur public ≠ j'ai lu une histoire amusante*.

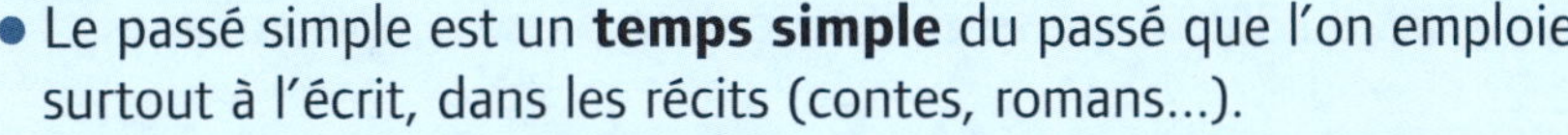

Conjuguer au passé simple (1er et 2e groupes)

Je retiens

Méfiance, le passé simple n'est pas si simple.

- Le passé simple est un **temps simple** du passé que l'on emploie surtout à l'écrit, dans les récits (contes, romans...).
- Pour conjuguer au passé simple les verbes du **1er groupe** (ainsi que le verbe ***aller*** du 3e groupe), il faut enlever ***-er*** à l'infinitif et ajouter les terminaisons ***-ai, -as, -a, -âmes, -âtes, -èrent*** :
  parl/**er** → je parl/**ai,** il parl/**a**.
- Pour obtenir le passé simple des verbes du 2e groupe, il faut enlever ***-ir*** à l'infinitif et ajouter les terminaisons ***-is, -is, -it, -îmes, -îtes, -irent*** :
  Grand/**ir** → je grand/**is,** nous grand/**îmes**.

Essayons voir : nous **grandîmes**, vous m'**embrassâtes**...

Je m'entraîne

1 Barre les verbes qui ne sont pas au passé simple.

Ils pédalèrent ; je jouais ; je passai ; tu discutas ; tu pleurais ; elles peignaient ; elle chantait ; je me baignai.

2 Relie chaque sujet à son verbe.

Vous •	• bougea.
Je •	• chantâmes.
L'écureuil •	• pataugèrent.
Elles •	• tombas.
Tu •	• manipulâtes.
Nous •	• marchai.

3 Complète le tableau au passé simple.

	Danser	Rougir
Je	....	....
Elle	....	....
Ils	....	....
Vous	....	....
Tu	....	....
Nous	....	....

J'approfondis

4 Récris au passé simple le texte.

La princesse sanglote huit ans durant. Un chevalier arrive pour la sauver. Il tue un dragon. Le chevalier et la princesse se marient.

....

....

....

....

5 Complète avec le bon sujet.

Les infirmiers – L'hôpital – Tu – Nous

a. .... s'agrandit rapidement.

b. .... grandis peu.

c. .... établirent le planning.

d. .... maigrîmes de 500 grammes.

6 Formule les phrases au passé simple.

a. Paolo (arriver) en retard.

....

b. Nous (réfléchir) avant d'agir.

....

c. Vous (rétablir) la situation rapidement.

....

Infos parents

- Précisez bien à votre enfant qu'il n'y a pas de -s à la 1re personne du singulier pour le 1er groupe : je parl/ai.
- Au singulier, pour les verbes du 2e groupe, il n'y a pas de différence entre le présent et le passé simple : seul le contexte permet de comprendre à quel temps est conjugué le verbe.

Conjuguer au passé simple (auxiliaires et verbes du 3e groupe)

Je retiens

C'est vrai que l'on ne parle plus au passé simple ?

- Certains verbes du 3e groupe se conjuguent au passé simple comme ceux du 2e :
  prendre → je pr/**is** ; **faire** → je f/**is** ; **dire** → je d/**is** ;
  voir → je v/**is**, tu v/**is**, il v/**it**.
- D'autres verbes ont des terminaisons en ***-u* (*-us, -us, -ut, -ûmes, -ûtes, -urent*)** :
  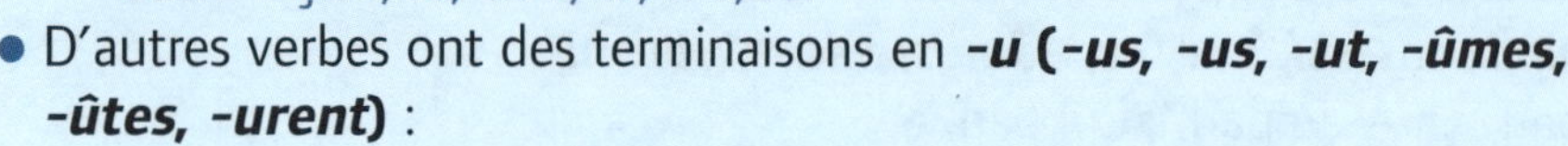
  être → je f**us** ; **avoir** → j'**eus** ; **pouvoir** → je p**us** ;
  devoir → je d**us** ; **vouloir** → je voul**us**.
- Pour les verbes comme venir et tenir, elles sont en ***-in* (*-ins, -ins, -int, -înmes, -întes, -inrent*)** :
  venir → je v**ins**, il v**int**, nous v**înmes**, vous v**întes**, ils v**inrent**.

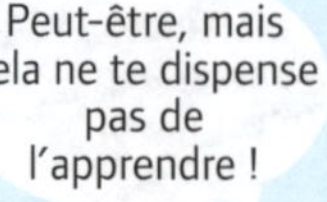

Je m'entraîne

1 Barre le seul verbe du 1er groupe.

Tu pus ; tu vis ; nous voulûmes ; nous tînmes ; ils eurent ; ils parlèrent.

2 Complète le tableau au passé simple.

	Être	Dire
Elle	....	....
Nous	....	....
Ils	....	....
Je	....	....

3 Place le bon sujet.

L'artiste – Ils – J' – Nous – Vous

a. .... vîtes un beau spectacle.

b. .... eûmes peur de manquer le début du ballet.

c. .... purent réaliser leur rêve.

d. .... reprit sa route vers une autre destination.

e. .... allai vite en parler à mon entourage.

J'approfondis

4 Récris le texte au passé simple.

Louise **est** une jeune danseuse. Elle **peut** aussi prendre des cours de théâtre et **veut** apprendre le chant. Elle **fait** ainsi une carrière dans un music-hall.

....

....

....

....

5 Mets les verbes entre parenthèses au passé simple.

a. Les artistes ne (voulaient) .... pas arrêter la tournée en Europe.

b. Après le ballet, on (prenait) .... le temps de rentrer.

c. Le nouveau directeur du théâtre (voulait) .... changer la programmation.

6 Écris une phrase avec faire au passé simple.

....

....

Infos parents

Le passé simple est l'un des temps les plus difficiles pour un élève, car il est peu utilisé à l'oral. C'est pourtant un temps que votre enfant devra employer au collège, car les rédactions requièrent son emploi dans les passages narratifs (voir la leçon suivante sur l'emploi du passé simple et de l'imparfait).

Utiliser le passé simple ou l'imparfait

Je retiens

Je me **promenais** quand soudain je **vis** une soucoupe volante.

- Le passé simple et l'imparfait sont les temps du passé les plus utilisés dans les **contes** et les **romans**.
- L'imparfait sert :
  - **à décrire** → Elle **avait** les yeux bleus.
  - **à raconter une action qui dure** → Il **mangeait** une pomme.
  - **à raconter une action répétée** → Tous les lundis, il **allait** au cinéma.
- Le passé simple sert **à raconter une action soudaine**, qui donne l'impression de se dérouler rapidement → Elle **dévora** une pomme.

Alors tu **appelas** « Maman ! » Et là, tu te **réveillas !**

Je m'entraîne

1 Range en deux colonnes les verbes.

Il parla ; elle discutait ; il fut ; elles avaient ; ils déjeunèrent ; elle fleurit ; vous alliez ; nous imprimions ; vous mangeâtes ; je jouais.

Passé simple	Imparfait
....	....
....	....
....	....
....	....
....	....

2 Complète par imparfait de description ou imparfait d'action répétée.

a. Chaque mercredi, Anna **allait** jouer chez Véronique.
→ Imparfait ....

b. Marc **gagnait** souvent au Loto.
→ Imparfait ....

c. Margot **avait** les cheveux blonds.
→ Imparfait ....

d. Bruno **partait** une fois par an en Italie.
→ Imparfait ....

e. Hier, Léa **portait** une robe rouge.
→ Imparfait ....

f. Lucas **était** très calme.
→ Imparfait ....

J'approfondis

3 Indique les emplois de l'imparfait et du passé simple.

a. Monica **courait** dans la rue.
→ ....

b. Ses joues **étaient** rouges.
→ ....

c. Soudain, elle **glissa** sur une peau de banane.
→ ....

d. Un passant **vint** aussitôt la secourir.
→ ....

e. Elle **avait** une grosse bosse sur le front.
→ ....

4 Conjugue au passé simple ou à l'imparfait.

a. Tous les matins, vers 7 h 45, Vanessa (se laver) .... les dents.

b. Cela faisait quinze minutes que Marcos (pêcher) .... quand, tout à coup, sa canne (se casser) ....

c. Depuis un mois et demi, David (attendre) .... le retour de sa sœur.

d. Un beau jour, son bateau (se présenter) .... enfin au port.

Infos parents

Le travail de relevé des emplois de l'imparfait et du passé simple est entamé en CM2 et sera approfondi durant les quatre années du collège. Pour le mener à bien, votre enfant doit déjà savoir reconnaître et conjuguer ces deux temps.

Conjuguer au futur

Je retiens

- Le futur sert à exprimer des faits qui se réaliseront dans l'avenir.
  Demain, nous **dînerons** au restaurant.
- Ses terminaisons sont ***-ai, -as, -a, -ons, -ez, -ont***.
- Souvent, il suffit de les ajouter à l'infinitif du verbe à conjuguer :
  Chant/**er** → je chant**er**/**ai** ; part/**ir** → elle part**ir**/**a**.
- Souvent, il suffit de les ajouter à l'infinitif du verbe à conjuguer.
  Chanter → je chanter/**ai**. Partir → elle partir/**a**.
- Pour conjuguer certains verbes au futur, il faut modifier le radical de leur infinitif.
  Être → je ser/**ai**. Avoir → j'aur/**ai**. Aller → j'ir/**ai**. Faire → je fer/**ai**.
  Vouloir → je voudr/**ai**. Venir → je viendr/**ai**. Tenir → je tiendr/**ai**…
- Parfois, le radical se forme avec deux *r* au futur.
  Voir → je verr/**ai**. Envoyer → j'enverr/**ai**. Courir → je courr/**ai**.
  Mourir → je mourr/**ai**. Pouvoir → il pourr/**a**.

Comment ça, se retrouver ? Moi, je ne te **quitterai** jamais !

Je m'entraîne

1 Entoure le sujet qui convient.

a. (je, tu, il) regardera le match.
b. (on, tu, j') auras bientôt 12 ans.
c. (ils, vous, nous) serons toujours amis.
d. (nous, j', ils) enverront une lettre.
e. (je, il, tu) pourrai sortir dans un instant.

2 Donne l'infinitif des verbes.

a. Romulus aura (.........) pour jumeau Rémus.

b. C'est une louve qui tiendra (...............) le rôle de mère pour eux.

c. Un jour viendra (..............) où les 2 frères voudront (............................) bâtir une ville.

3 Complète au futur le tableau.

	Aller	Partir
Tu	....	....
Elle	....	....
Ils	....	....
Je	....	....
Nous	....	....

J'approfondis

4 Accorde au futur chaque verbe.

a. Tu (respecter) .... la loi.
b. Vous ne (courir) .... plus dans la cour.
c. Vous (aller) .... au collège le dimanche.
d. En juin, les élèves (envoyer) .... leurs parents à leur place à l'école.
e. Nous (voir) .... bien s'ils (pouvoir) .... avoir de bonnes notes.

5 Récris au futur les verbes entre parenthèses.

Un guépard (fait) .... la course avec une gazelle. Tous les animaux (viennent) .... assister au spectacle. On (voit) .... que le félin (court) .... très vite. Est-ce qu'il (peut) .... battre la gazelle ? Qui (vient) .... aider la petite antilope ?

6 Fais une phrase au futur avec « pouvoir ».

....

Infos parents

Comme prolongement à ces activités, vous pouvez demander à votre enfant de mettre au futur les instructions du mode d'emploi d'un appareil qui lui est familier (télévision, lecteur MP3), ou bien d'écrire en 5 lignes ce qu'il fera quand il sera grand.

Conjuguer au futur antérieur

Je retiens

- Pour conjuguer un verbe au futur antérieur, il faut appliquer la formule : auxiliaire au futur + participe passé du verbe = futur antérieur du verbe.
  parler → j'aurai parlé ; **finir** → tu auras fini ; **voir** → il aura vu ;
  faire → nous aurons fait ; **vouloir** → vous aurez voulu ;
  prendre → j'aurai pris ; **avoir** → j'aurai eu ; **être** → vous aurez été…
- Attention : certains verbes se conjuguent avec l'auxiliaire « être ». Dans ce cas, il faut accorder le participe passé avec le sujet.
  partir → il sera parti / elle sera part**ie** ;
  venir → il sera venu / elle sera ven**ue** ;
  aller → il sera allé / ils seront all**és** / elles seront all**ées**

Je m'entraîne

1 Entoure le sujet qui convient.

a. (Je – Tu – Elle) auras mérité un cadeau.

b. (Ils – Il – Nous) aurons eu une surprise.

c. (Vous – Tu – Elle) aura fait une belle fête.

d. (J' – Vous – Il) aurez vu un grand film.

e. (Vous – Je – Tu) serai allé au zoo.

2 Écris l'infinitif des verbes, comme dans l'exemple.

Vous aurez fini (finir) vos devoirs.

a. Il aura voulu (...................) vous parler.

b. Nous aurons été (...................) ravis de vous voir.

c. Ils seront arrivés (...................) très en avance.

d. Emma aura regardé (...................) le match en entier.

e. Tu auras fait (..................) du bon travail.

3 Coche les phrases contenant un verbe conjugué au futur antérieur.

a. Bruno sera parti un peu vite. ☐

b. Vous aviez chanté correctement. ☐

c. Tu auras peut-être un ordinateur. ☐

d. Elles seront allées en bus à l'école. ☐

e. Nous aurons pris le temps de t'écouter. ☐

J'approfondis

4 Complète le tableau au futur antérieur.

	Chanter	Venir
Il	....	....
Elle	....	....
Ils	....	....
Elles	....	....

5 Accorde au futur antérieur chaque verbe.

a. Yvain (être) .... un grand chevalier.

b. Lancelot (sauver) .... la reine Guenièvre.

c. Merlin (faire) .... de grands tours de magie.

d. Des fées (venir) .... à leur secours.

6 Récris chaque phrase au futur antérieur.

a. Sarah gardera son petit frère.

....

b. Elles iront en vacances ensemble.

....

Infos parents

• Le futur antérieur exprime une action qui se produira avant une autre :
Quand tu **auras fini** tes devoirs (action 1), tu pourras t'amuser (action 2).
• Pour aider votre enfant à reconnaître les verbes au futur antérieur, rappelez-lui de vérifier si l'auxiliaire est bien au futur. (exemple : « tu avais mangé » n'est pas du futur antérieur !)

Conjuguer au présent du conditionnel

Je retiens

Si tu n'existais pas, je m'**ennuierais** tellement.

- Le conditionnel sert à exprimer un **doute**, une **condition** ou un **souhait**.
- Il s'emploie souvent dans une phrase comportant un verbe à l'imparfait :
  Si Lucas **gagnait** au Loto, il **changerait** de chemise.
  (gagnait : imparfait ; changerait : présent du conditionnel)
- Ses terminaisons sont les mêmes que celles de l'imparfait :
  -ais, -ais, -ait, -ions, -iez, -aient.
- Quelques verbes avec particularités :
  être → je ser/**ais** ; **avoir** → j'aur/**ais** ; **pouvoir** → je pourr/**ais**.

Je m'entraîne

1 Entoure les verbes au présent du conditionnel.

Tu écris ; tu écriras ; tu écrirais ; nous pouvons ; nous pourrions ; nous pourrons ; il joue ; il jouerait ; je nage ; je nagerai ; nous réparerions ; vous respirez.

2 Entoure le sujet qui convient.

a. Est-ce que (tu – nous – il) voudrais bien me raconter une histoire ?

b. (J' – Il – Nous) aimerais vous inviter à dîner.

c. Auriez-(tu – nous – vous) l'heure, s'il vous plaît ?

d. (Lisa – John et Laura – Je) souhaiteraient partir aux États-Unis.

3 Complète le tableau au présent du conditionnel.

	Chanter	Dormir
Je	....	....
Elle	....	....
Ils	....	....
Nous	....	....
Tu	....	....

J'approfondis

4 Barre les verbes conjugués qui ne sont pas au présent du conditionnel.

Si nous triions mieux nos déchets, nous pourrions les recycler plus facilement. Nous devrions aussi utiliser moins d'eau pour faire la vaisselle. De même, nous ferions des économies si nous prenions une douche au lieu d'un bain.

5 Conjugue les verbes au présent du conditionnel.

a. Romy (être) .... malade.

b. D'après Enrique, Pamela n'(avoir) .... plus de lunettes.

c. Julie (pouvoir) .... venir nous chercher si elle avait une voiture.

d. Est-ce que vous (rester) .... à déjeuner ?

6 Mets les verbes en gras au présent du conditionnel.

a. Il **faut** faire des économies. → ....

b. Vous **verrez** mieux de près. → ....

c. **Prendras**-tu un café ? → ....

d. En cas de grève, nous **irons** au travail à pied. → ....

Infos parents

• Faites remarquer à votre enfant que le présent du conditionnel est utile pour formuler une demande avec politesse (*Pourriez-vous fermer la fenêtre ?*).
• Par ailleurs, votre enfant doit veiller à ne pas confondre la première personne du singulier du présent du conditionnel avec le futur : *je serais* ≠ *je serai*.

Effectuer les accords dans le groupe nominal

Je retiens

On m'a offert **une très belle chemise**. Et toi ?

Moi, je veux bien que tu m'offres **de belles lunettes noires** !

- Un **groupe nominal (GN)** est un ensemble de mots construit autour d'un nom **noyau** :
  Un **lion**, un petit **lion**, un petit **lion** affamé.
- Dans un GN, les **déterminants** et les **adjectifs** s'accordent en genre et en nombre avec leur nom noyau :
  Un**e** petit**e** **lionne** affamé**e** → accord au féminin singulier avec lionne.
- **Remarques :**

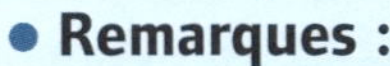

  – Si un adjectif qualifie plusieurs noms, il s'accorde au pluriel :
  Une **louve** et une **lionne** affam**ées**.

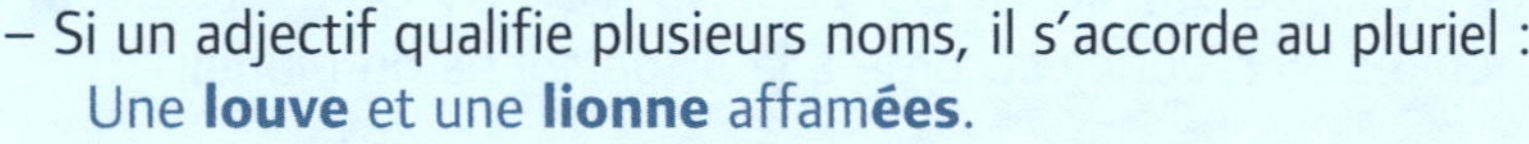

  – Si l'un des noms est au masculin, alors l'adjectif s'accorde au masculin pluriel :
  Une louve, un **renard** et une lionne affam**és**.

Je m'entraîne

1 Entoure le nom noyau de chaque GN.

un animal effrayant – des chiennes sauvages – des chouettes terrifiantes – un grand ours brun – une étonnante sauterelle bleue

2 Entoure l'adjectif qui s'accorde avec son nom noyau.

Le loup peut surveiller des heures (entiers / entières) sa proie. La (petit / petite) chèvre essaye de se défendre. Deux (grands / grand) loups l'attaquent. Elle se cache derrière d'(immense / immenses) buissons. La (doux / douce) proie a échappé à ses (terribles / terrible) prédateurs.

3 Relie chaque GN à l'adjectif qui le complète.

un vautour •	• blanches
des fourmis •	• pèlerins
des faucons •	• discrète
une fauvette •	• amaigri

J'approfondis

4 Accorde chaque adjectif avec son nom noyau.

a. Marc a une (gentil) .... chienne.

b. Les gorilles ont les oreilles (gris) ....

c. La girafe a les dents (jaune) ....

d. Il a un crayon et un feutre (noir) ....

e. Regarde les (joli) .... baleines !

5 Récris chaque GN en remplaçant le nom noyau par le nom entre parenthèses.

a. un beau tigre tacheté (tigresse)

→ ....

b. les ours très courageux (gazelle)

→ ....

c. le joli panda noir (panthères)

→ ....

d. un chat très agressif (hyène)

→ ....

Retrouve-nous sur www.jecomprendstout.com, d'autres tests t'attendent !

Infos parents

• Effectuer les accords dans un groupe nominal est une compétence complexe à acquérir en fin de cycle 3. Elle sera travaillée en 6e.
• Pour entraîner votre enfant, vous pouvez lui donner des GN simples au pluriel (*les gorilles*) à compléter par un adjectif de son choix.

Accorder le verbe avec le sujet (1)

Je retiens

- Le **sujet** est le mot ou l'ensemble de mots qui commande l'accord du verbe en personne (1re, 2e, 3e) et en nombre (singulier ou pluriel) :
  Le léopard et le guépard cour**ent** très vite.
  sujet (3e pers. du plur.) — verbe (3e pers. du plur.)
- Pour **trouver le sujet**, je dois répondre à la question : « **qui** + verbe » ou « **qu'est-ce qui** + verbe » :
  Au fond de la mer brill**ent mille pépites d'or**. → Qu'est-ce qui brille ? Mille pépites d'or, donc j'accorde à la 3e personne du pluriel.

Je m'entraîne

1 Entoure le sujet qui convient.

Au collège, (nous - ils) **étudierons** les grands textes anciens, comme l'*Odyssée*. C'est une œuvre dont (les auteurs - l'auteur) **est** Homère. (On - Tu) y **découvre** comment (Ulysse - les Grecs) **a retrouvé** sa famille. (Des princes - Un prince) **ont tenté** de séduire sa femme Pénélope, mais (elle - elles) **a su** se défendre par la ruse.

2 Complète chaque verbe au présent en l'accordant avec son sujet.

Le Cyclope s'approch..... des six compagnons d'Ulysse. **Tous** son..... effrayés quand soudain **le géant** les saisi..... pour les dévorer. Comment **Ulysse et ses amis** von.....-ils faire pour s'enfuir ? **Ulysse** trouv..... une idée : **il** pens..... endormir cet être effrayant.

J'approfondis

3 Mets chaque phrase au pluriel.

Tu manges des frites → Vous mangez des frites.

a. Mon oncle part en Amérique.
– ....

b. Peux-tu acheter des olives ?
– ....

c. Tu connais bien les règles d'orthographe.
– ....

d. Un lapin sourit à des chasseurs.
– ....

4 Fais les accords sujet-verbe au présent.

a. Les jours, en hiver, (diminuer) ....

b. Pauline, durant tous les cours, (prendre) .... du temps pour s'appliquer.

c. Tout au fond du jardin, deux hirondelles (se reposer) ....

d. Paolo et Olga (grandir) .... vite.

5 Fais une phrase ayant pour sujet le cheval, puis écris-la au pluriel.

– ....

– ....

Infos parents

- La capacité à marquer l'accord sujet - verbe est attendue en fin de cycle 3. Elle sera reprise et approfondie dès l'entrée en 6e.
- Lorsque votre enfant lit, n'hésitez pas à lui demander de retrouver le sujet de deux ou trois verbes pris au hasard sur sa page de lecture.

Grammaire

1. Reconnaître des mots variables (p. 3)

① a. ~~dormir~~ ; b. ~~vouloir~~ ; c. ~~pour~~.

② a. peut, avoir ; b. chasse ; c. pèse ; d. mange.

③ a. [un] [mon] ; b. [le] [un] ; c. [sa] ; d. [un].

④ a. **buse :** nom / **aigle :** nom ; b. **larges :** adjectif ; c. **descentes :** nom / **spectaculaires** : adjectif ; d. **petites** : adjectif / **proies** : nom.

⑤

Noms	Adjectifs	Verbes
vautour, tête, ailes, odorat, pattes.	rouge, longues, bon, puissantes.	possède, a, sont.

2. Distinguer des mots invariables (p. 4)

① Il fallait entourer :
a. avec ; b. lentement ; c. aujourd'hui ; d. donc.

② a. à ; b. de ; c. Demain ; d. et.

③ Il fallait relier : donc-conjonction ; mais-conjonction ; ici-adverbe ; à-préposition ; maintenant-adverbe ; dans-préposition.

④ a. chez : préposition ; a. à : préposition ; b. ici : adverbe ; c. franchement : adverbe ; d. dans : préposition ; e. tard : adverbe.

⑤ a. Il a mal à la main car il s'est brûlé.
b. Johanna est revenue plus tôt que nous ne l'imaginions.
c. Auras-tu besoin de mon aide pour faire tes devoirs ?
d. Si Patrice passe par ici, préviens-moi.

3. Comprendre la relation sujet-verbe (p. 5)

① a. [Mes parents] ; b. [Le facteur] ; c. [tu] ;
d. [vous] ; e. [Le fils de Zorro].

② a. [j'] étudie ; b. [Les langues étrangères] passionnent ; c. [Les élèves] apprennent ;
d. [on] peut.

③ il – la fille des épiciers ; ils – le film favori de mes cousins ; elle – les glaces du marchand ; elles – les vêtements d'hiver

il	les glaces du marchand
ils	les vêtements d'hiver
elle	le film favori de mes cousins
elles	la fille des épiciers

④ a. Les professeurs ; b. Le supermarché ;
c. Un film ; d. Le concert.

⑤ Exemples de réponses :
a. répare ; b. boivent ; c. mange.

⑥ Exemples de réponses :
a. Les promeneurs ; b. Cet autobus ; c. Les voisins.

4. Différencier le COD du COI (p. 6)

①

	COD	COI
J'aime **les glaces à la vanille.**	✓	
Jean défend **son épouse.**	✓	
Paolo sourit **à tout le monde.**		✓
Mêle-toi **de tes affaires !**		✓
Lydia chante **ma chanson préférée.**	✓	

② a. ces messieurs → COI ; b. des fleurs → COD ; c. une lettre → COD ; d. échecs → COI.

③ a. [mon exercice] ; b. [ce film magnifique] ;
c. [une chanson] ; d. [des truffes].

④ a. [un disque] à son frère ; b. [sa colle] à son camarade ; c. [son meilleur ami] à une étrange affaire ; d. [un gâteau au chocolat].

⑤ Exemples de réponses :
a. un livre ; b. une chaise ; c. la porte ;
d. sa cousine ; e. sa grand-mère.

5. Reconnaître les compléments circonstanciels, lieu et temps (p. 7)

① a. CCT ; b. CCL ; c. CCL ; d. CCT.

② a. à la plage ; b. dans sa chambre.

③ a. parfois ; b. dans quatre mois.

④ a. demain ; b. dans deux mois ; c. hier ;
d. en 2049 ; e. dans un instant.

⑤ a. [dans la cour] ; b. dans un an ;
c. à la fin d'un spectacle ; d. [sur son bateau] ;
e. [au bord de la route].

Corrigés

⑥ Exemples de réponses :
a. à Rome ; b. dans la cuisine ; c. dans les bois ; d. dans son cartable ; e. au fond du jardin.

6. Savoir ponctuer (p. 8)

① Les équipes entrent sur le terrain. Les spectateurs applaudissent. On entend l'hymne. Les joueurs se tiennent droit, avec respect. Certains ont les larmes aux yeux.

② a. Tais-toi donc ! b. Viens-tu avec nous, ce soir ? c. J'ai mal à la tête. Est-ce que tu aurais un cachet ? d. Que c'est beau !

③ a. Hier, j'étais malade. b. Dans un instant, je te rejoins. c. Parfois, la maîtresse bafouille. d. À la fin du film, j'ai pleuré. e. Si Jeanne gagne au Loto, elle offrira un beau voyage à ses parents.

④ Julie fait du tennis. Elle possède une licence depuis trois ans. Son entraîneur est un ancien joueur professionnel. Va-t-elle réaliser un bon tournoi ? Elle se prépare très sérieusement.

⑤ Un crocodile qui/ A (a) mal aux yeux se/ Décide (décide) à consulter un/ Médecin (médecin). Il est reçu par une/ Chouette (chouette) qui lui/ Conseille (conseille) de porter des lunettes.

⑥ En allant à l'école, Clara se rend compte qu'elle n'a pas nourri son chat Sacha. Doit-elle faire demi-tour et risquer d'arriver en retard à l'école ?

7. Reconnaître les différents types de phrases (p. 9)

① a. Va te coucher ! d. Sortez vos affaires. e. Mains en l'air !

② d. Qu'est-ce que tu m'énerves !

③ a. interrogatif ; b. déclaratif ; c. exclamatif ; d. impératif ; e. déclaratif ; f. impératif.

④ a. Qui a peur du grand méchant loup ?
b. Un loup ? Quelle horreur !
c. Les élèves se concentrent pour travailler.
d. Comment allez-vous ?
e. Au secours !

⑤ a. **Qui** part en vacances ?
b. **Pourquoi** rentre-t-il chez lui ?
c. **Où** vit John ?
d. **Comment** voyage-t-il ?

⑥ Exemples de réponses :
Type déclaratif : **J'ai très faim.**
Type interrogatif : **Qu'y a-t-il à manger ?**
Type exclamatif : **Tu vas trop vite !**
Type impératif : **Arrête-toi ici.**

8. Distinguer les phrases simples et les phrases complexes (p. 10)

① est ; demande ; tue ; capture.

②

Phrases simples	Phrases complexes
a, b, f.	c, d, e.

③ a. Jules cria car **il s'était fait mal**.
b. Inès alla au marché et **acheta des pêches**.

④ Exemples de réponses :
Regarder : Chaque matin, je **regarde** le petit chat aux yeux verts de la voisine.
Prendre : En hiver, Igor **prend** un copieux petit déjeuner.

⑤

Mon stylo fuit mais je le garde quand même.	Coordonnées
J'étais absent car j'étais malade.	Coordonnées
Le président s'approche, il va parler.	Juxtaposées
Hervé s'applique et écrit de mieux en mieux.	Coordonnées

⑥ a. Vincent n'est pas venu car il était malade.
b. Juliette m'énerve mais je l'aime quand même.

9. Distinguer les pronoms personnels et les pronoms possessifs (p. 11)

① a. Elle ; b. Il ; c. Elles.

② Il fallait entourer : a. je le regarde ; b. on le gronde ; c. à la reconnaître

③

a. Notre maîtresse est gentille.	Déterminant
b. La vôtre est un peu sévère.	Pronom possessif
c. Donne ce stylo, c'est le mien !	Pronom possessif

④ a. les ; b. les ; c. la.

5 a. lui ; b. la ; c. la ; d. le.

6 Exemples de réponses :
a. Ma chemise est plus belle que **la tienne**.
b. J'aime bien mes chaussures, mais j'aime aussi **les siennes**.
c. Mon stylo écrit bien, **le tien** aussi.

10. Distinguer les pronoms démonstratifs, interrogatifs et relatifs (p. 12)

1 Il fallait entourer :
a. celui-ci ; b. celle-là ; c. Celui ; d. Cela ; e. ça.

2 Il fallait barrer : cet, où, quoi, que, elles, cette, la mienne, lui, dont, ces, qui, vous, on, le nôtre.

3 qui : pronom interrogatif ; qui : pronom relatif ; Où : pronom interrogatif ; où : pronom relatif ; que : pronom relatif.

4 a. Sabine a perdu le collier que Florent lui a offert. b. Nous apprenons une poésie que nous réciterons demain. c. Le livre dont tu me parles semble intéressant. d. Voici le collège où j'irai bientôt. e. Les plats que fait maman sont excellents.

5 a. celui-ci ; b. celle-là ; c. celles-ci ou celles-là ; d. ceux-là ; e. celui-ci.

11. Reconnaître les principaux déterminants (p. 13)

1 ~~ici~~ ; ~~ballon~~ ; dé ; ~~pour~~ ; ~~avec~~ ; ~~lui~~ ; ~~car~~ ; ~~mais~~ ; ~~sac~~.

2 [Le] loup gris peut peser soixante kilos. C'est [un] ancêtre [du] chien domestique. [Ce] carnivore est devenu rare. [Sa] survie dépend de [son] intelligence. [Sa] meute est formée d'[une] dizaine d'individus.

3 a. le ; b. les ; c. l'; d. les ; e. l' ; f. la ; g. le ; h. la.

4 a. au ; b. Cette ; c. ce ; d. du.

5 Ma • • arbre risque de se casser.
Ton • • ville s'est embellie.
Vos • • pantalon est trop court.
Cet • • fleurs vont se faner.

6

Définis	Indéfinis	Possessifs
Le	un, des, des	son, ses

12. Distinguer l'adjectif attribut et l'adjectif épithète (p. 14)

1 a. **prince** : [heureux] ; b. **père** : [soucieux] ; c. **enfants** : [ravis] ; d. **princesse** : [rouge].

2 a. **chevalier** : [méchant] ; b. **homme** : [laid] ; c. **demoiselle** : [douce] [jolie] ; **cheval** : [noir].

3 a. **ennuyeux** → attribut ; b. **beaux** → épithète ; c. **nobles** → épithète ; d. **intrépide** → attribut.

4 a. laides ; b. mignons ; c. attristée.

5 a. **Ta sœur** est gentil**le**.
b. **Cette femme** a l'air heureu**se**.
c. **La boulangère** semble fatigué**e**.
d. **La reine** paraît serein**e**.

6 Exemples de réponses :
a. Cette **jolie** princesse semble **triste**.
b. Ce **magnifique** prince est **courageux**.

13. Utiliser un complément du nom (p. 15)

1 la voiture de course - la fille du patron - un meuble de jardin - un soldat de plomb

2 a. le champion [de] ski ; b. la joueuse [de] tennis ; c. une victoire [sans] contestation ; d. un départ [en] fanfare ; e. un gâteau [à] la vanille

3 a. de timbres ; b. aux pommes ; c. de mes parents ; d. à coudre ; e. de gymnastique.

4 a. ~~à la patinoire~~ ; c. ~~à la tendresse~~ ; d. ~~à San Francisco~~.

5 a. une démarche **d'éléphant** ; b. une mine **de fer** ; c. réplique **de théâtre**.

6 Exemples de réponses :
a. Les chansons **de Babar** ; b. Les films **d'horreur** ; c. des chemises **à carreaux**.

14. Utiliser la proposition subordonnée relative (p. 16)

1 a. ~~étonnante~~ ; b. ~~de ce collège~~ ; c. ~~du café~~.

2 a. qui court ; b. que j'arrose ; c. qui vient de partir.

Corrigés

③ Exemples de réponses :
a. qui finissent bien ; b. que je préfère ;
c. que j'ai fait dimanche.

④ a. [~~que vous vous trompez~~] ; c. [~~que l'eau sera gratuite~~] ; d. [~~que vous reviendrez nous voir~~].

⑤ a. [que je préfère] ;
b. [qu'on m'a prêté] ;
c. [qui nous sourient].

⑥ a. Une réponse **que l'on peut accepter**.
b. Un tapis **que l'on peut laver**.

Conjugaison

15. Reconnaître l'infinitif et le groupe d'un verbe (p. 17)

① [rougir].

② mesurer, rencontrer, prendre, vivre.

③

1er groupe	2e groupe	3e groupe
déranger, casser, louer	finir, réussir, garnir	conduire, pouvoir, écrire, partir

④ a. être ; b. vivre ; c. bondir ; d. atteindre ;
e. peser.

⑤ peut → **pouvoir** (**3e groupe**) ; veux → **vouloir** (**3e groupe**) ; faut → **falloir** (**3e groupe**) ; observeras → **observer** (**1er groupe**).

⑥ – Le verbe **rugir** est du 2e groupe parce qu'il se termine par ***-ir*** et parce que sa terminaison à la 1re personne du pluriel est ***-issons*** : nous rug**issons**.
– Le verbe **tenir** est du 3e groupe car il ne se termine pas en ***-issons*** à la 1re personne du pluriel : nous ten**ons**.

16. Conjuguer au présent, 1er et 2e groupes (p. 18)

① [Nous finissons] ; [vous dansez] ; [elle joue] ; [ils bondissent] ; [je dessine] ; [vous démarrez].

②

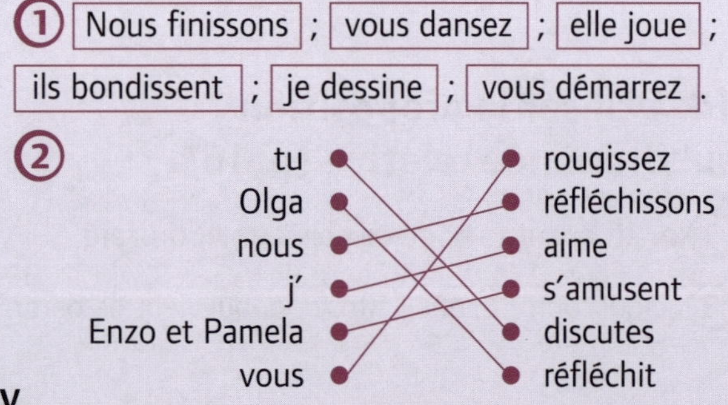

③ a. se mari**e** ; b. rug**it** ; c. gên**es** ;
d. encourag**e** ; e. nourr**is** ; f. faibl**issez**.

④ a. **Vous** alourd**issez** ; b. **Nous** conseill**ons** ;
c. **Ils** démol**issent** ; d. **Nous** maigr**issons** ;
e. **Vous** consol**ez** ; f. **Elles** chantonn**ent**.

⑤

	Dessiner	Rugir
Je	dessin**e**	rug**is**
Il	dessin**e**	rug**it**
Elles	dessin**ent**	rugiss**ent**
Vous	dessin**ez**	rugiss**ez**
Tu	dessin**es**	rug**is**
Nous	dessin**ons**	rugiss**ons**

⑥ a. rempl**issent**, rang**ent** ; b. règn**e** ;
c. obéiss**ent** ; d. recherch**ent** ; e. mug**it**.

17. Conjuguer au présent, auxiliaires et verbes du 3e groupe (p. 19)

① Tu es (**être**) ; je fais (**faire**) ; elles peuvent (**pouvoir**) ; nous disons (**dire**) ; elles savent (**savoir**) ; ils voient (**voir**) ; il vient (**venir**).

②

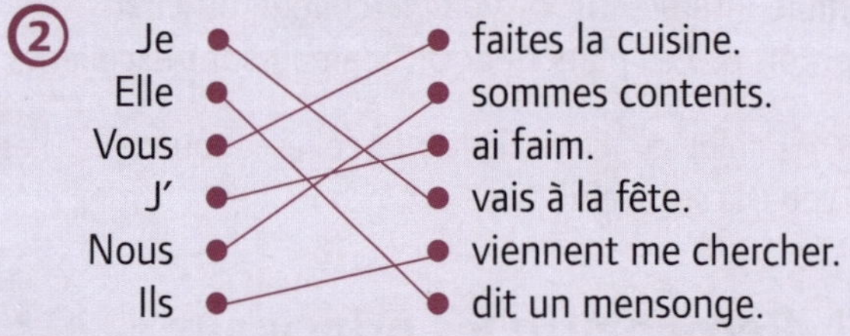

③

	Aller	Prendre
Elle	va	pren**d**
Tu	va**s**	pren**ds**
Ils	v**ont**	prenn**ent**
Vous	all**ez**	pren**ez**

④ a. revien**t** ; b. di**t** ; c. prenn**ent** ; d. Va**s** ;
e. êt**es** ; f. peu**x**.

⑤ a. **Les** fermiers **sont** anxieux.
b. **Les** vaches **ont** horreur du lait.
c. **Pouvez-vous** surveiller les moutons ?

⑥ J'**ai**, Nous **sommes**, je ne **suis**.

18. Conjuguer au passé composé, 1er et 2e groupes (p. 20)

① ~~Tu grandis~~ ; ~~il chanta~~ ; ~~tu avais fini~~ ; ~~elle rougit~~ ; ~~nous travaillons~~.

② a. Vous ; b. Tu ; c. Elles ; d. J' ; e. Il ; f. Nous.

③ grandir, chanter, danser, parler, finir, rougir, éternuer, pâlir, travailler.

④

	Rugir	Manger
J'	ai rugi	ai mangé
Elle	a rugi	a mangé
Ils	ont rugi	ont mangé

⑤ a. a gelé ; b. a atterri ; c. ont chargé ; d. avez fourni.

⑥ a. La guerre de Troie **a duré** dix ans.
b. Elle **a opposé** les Grecs aux Troyens.
c. Les Grecs **ont fini** par l'emporter.

19. Conjuguer au passé composé, auxiliaires et verbes du 3e groupe (p. 21)

① Pouvoir : il **a pu**, ils **ont pu**.
Faire : il **a fait**, ils **ont fait**.

② a. La girafe ; b. Le guépard ; c. Les loups ; d. Les hirondelles.

③ a. Le gorille **a ri**.
b. Le crocodile **a su** pleurer.
c. Les gazelles **ont pu** échapper au lion.
d. Le lionceau **a fait** le beau.

④

	Boire	Partir
Elle	a bu	est partie
Il	a bu	est parti
Ils	ont bu	sont partis
Elles	ont bu	sont parties

⑤ a. écrit ; b. fait ; c. pris ; d. allées.

⑥ a. J'**ai vu** un bel oiseau dans le ciel.
b. Cette alouette **a fait** des pirouettes.
c. Puis elle **est venue** près de moi.

20. Conjuguer à l'imparfait (p. 22)

① ~~Je dessinai~~ ; ~~vous partez~~ ; ~~elle mangea~~ ; ~~il s'applique~~ ; ~~je reliai~~.

②
L'arbitre → sifflait la fin du match.
Emma et José → venaient de se marier.
Vous → ronfliez autrefois.
Nous → étions nombreux hier.
Tu → ralentissais.

③ a. étaient ; b. prenais ; c. dansait ; d. s'affrontaient ; e. courait ; f. encouragiez ; g. visitait.

④ a. dérangeais ; b. attendait ; c. mangeaient ; d. lançait ; e. voulais ; f. réfléchissions.

⑤ a. **Vous** appreniez à jouer aux dames.
b. **Nous** déplacions mon bureau.
c. **Nous** mangions à la cantine le midi.
d. **Mes oncles** se levaient tôt le matin.
e. **Ils** prenaient un petit déjeuner complet.

21. Conjuguer au plus-que-parfait (p. 23)

① Elle avait demandé → demander ; ils étaient venus → venir ; vous étiez allés → aller ; nous avions dit → dire ; j'avais vu → voir.

② Il fallait barrer : je dansais ; je partirai ; tu voyais ; elle est venue ; il a voulu ; j'ai dit.

③ Il fallait cocher les phrases : a, b, e.

④

Jouer	Voir
Nous avions joué	Nous avions vu
Tu avais joué	Tu avais vu
J'avais joué	J'avais vu
Elles avaient joué	Elles avaient vu

⑤ a. Les patineurs avaient terminé leur échauffement.
b. Ils avaient ébloui le public.
c. Les spectateurs avaient été ravis.
d. Tu avais vu ton idole.

⑥ a. **Vous aviez fini** de dîner.
b. Les chanteurs **étaient venus** voir **leurs** fans.

22. Utiliser les participes présent et passé (p. 24)

① Il fallait barrer : peuvent ; jouent ; vont ; prennent ; disent ; chantas.

② devoir → dû ; dire → dit ; manger → mangé ; faire → fait ; pouvoir → pu ; voir → vu ; être → été.

③ brillé → briller ; venu → venir ;
chanté → chanter ; dormi → dormir ;
peint → peindre ; couru → courir ; allé → aller ;
voulu → vouloir ; pris → prendre ; eu → avoir.

④ a. arrivé ; b. aperçus ; c. peinte ; d. offertes.

⑤ finir → finissant ; remuer → remuant ; conduire → conduisant ; utiliser → utilisant ; connaître → connaissant ; sonner → sonnant ; perdre → perdant ; partir → partant ; aller → allant ; vouloir → voulant.

⑥ a. avait appelé ; b. avait achetées ; c. a travaillé.

23. Conjuguer au passé simple, 1er et 2e groupes (p. 25)

① Il fallait barrer : je jouais ; tu pleurais ; elles peignaient ; elle chantait.

② vous → manipulâtes ; je → marchai ; l'écureuil → bougea ; elles → pataugèrent ; tu → tombas ; nous → chantâmes.

③

Je dansai	Je rougis
Elle dansa	Elle rougit
Ils dansèrent	Ils rougirent
Vous dansâtes	Vous rougîtes
Tu dansas	Tu rougis
Nous dansâmes	Nous rougîmes

④ La princesse **sanglota** huit ans durant. Un chevalier **arriva** pour la sauver. Il **tua** un dragon. Le chevalier et la princesse se **marièrent**.

⑤ a. L'hôpital ; b. Tu ; c. Les infirmiers ; d. Nous.

⑥ a. Paolo **arriva** en retard.
b. Nous **réfléchîmes** avant d'agir.
c. Vous **rétablîtes** la situation rapidement.

24. Conjuguer au passé simple, auxiliaires et verbes du 3e groupe (p. 26)

① ~~ils parlèrent~~.

②

	Être	Dire
Elle	fut	dit
Nous	fûmes	dîmes
Ils	furent	dirent
Je	fus	dis

③ a. Vous ; b. Nous ; c. Ils ; d. L'artiste ; e. J'.

④ Louise **fut** une jeune danseuse. Elle **put** aussi prendre des cours de théâtre et **voulut** apprendre le chant. Elle **fit** ainsi une carrière dans un music-hall.

⑤ a. voulurent ; b. prit ; c. voulut.

⑥ Exemple de réponse :
Léo **fit** sa valise puis il se **rendit** à l'aéroport.

25. Utiliser le passé simple ou l'imparfait (p. 27)

①

Passé simple	Imparfait
Il parla ; il fut ; ils déjeunèrent ; elle fleurit ; vous mangeâtes.	elle discutait ; elles avaient ; vous alliez ; nous imprimions ; je jouais.

② a. imparfait d'action répétée ; b. imparfait d'action répétée ; c. imparfait de description ; d. imparfait d'action répétée ; e. imparfait de description ; f. imparfait de description.

③ a. imparfait de durée ; b. imparfait de description ; c. passé simple d'action soudaine ; d. passé simple d'action soudaine ; e. imparfait de description.

④ a. se lavait ; b. pêchait, se cassa ; c. attendait ; d. se présenta.

26. Conjuguer au futur (p. 28)

① a. Il ; b. Tu ; c. Nous ; d. Ils ; e. Je.

② aura (avoir) ; tiendra (tenir) ; viendra (venir) ; voudront (vouloir).

③

Tu iras	Tu partiras
Elle ira	Elle partira
Ils iront	Ils partiront
J'irai	Je partirai
Nous irons	Nous partirons

④ a. respecteras ; b. courrez ; c. irez ; d. enverront ; e. verrons, pourront.

⑤ (fait) fera ; (viennent) viendront ; (voit) verra ; (court) courra ; (peut) pourra ; (vient) viendra.

⑥ Exemple de réponse :
Nous pourrons aller à la plage s'il fait beau.

27. Conjuguer au futur antérieur (p. 29)

① Il fallait entourer :
a. Tu ; b. Nous ; c. Elle ; d. Vous ; e. Je.

② a. aura voulu (vouloir) ; b. aurons été (être) ; c. seront arrivés (arriver) ; d. aura regardé (regarder) ; e. auras fait (faire).

③ Il fallait cocher les phrases : a, d et e.

④

Chanter	Venir
Il aura chanté	Il sera venu
Elle aura chanté	Elle sera venue
Ils auront chanté	Ils seront venus
Elles auront chanté	Elles seront venues

⑤ a. Yvain aura été un grand chevalier.
b. Lancelot aura sauvé la reine Guenièvre.
c. Merlin aura fait de grands tours de magie.
e. Des fées seront venues à leur secours.

⑥ a. Sarah aura gardé son petit frère.
b. Vous aurez fini par être d'accord avec moi.
c. Elles seront allées en vacances ensemble.

28. Conjuguer au présent du conditionnel (p. 30)

① tu écrirais ; nous pourrions ; il jouerait ; nous réparerions.

② a. tu ; b. J' ; c. vous ; d. John et Laura.

③

	Chanter	Dormir
Je	chanterais	dormirais
Elle	chanterait	dormirait
Ils	chanteraient	dormiraient
Nous	chanterions	dormirions
Tu	chanterais	dormirais

④ triions ; prenions.

⑤ a. serait ; b. aurait ; c. pourrait ; d. resteriez.

⑥ a. faudrait ; b. verriez ; c. Prendrais ; d. irions.

Orthographe

29. Effectuer les accords dans le groupe nominal (p. 31)

① un animal effrayant - des chiennes sauvages - des chouettes terrifiantes - un grand ours brun - une étonnante sauterelle bleue.

② entières ; petite ; grands ; immenses ; douce ; terribles.

③ un vautour – amaigri
des fourmis – blanches
des faucons – pèlerins
une fauvette – discrète

④ a. gentille ; b. grises ; c. jaunes ; d. noirs ; e. jolies.

⑤ a. une belle tigresse tachetée ; b. la gazelle très courageuse ; c. les jolies panthères noires ; d. une hyène très agressive.

30. Accorder le verbe avec le sujet, 1 (p. 32)

① nous ; l'auteur ; On ; Ulysse ; Des princes ; elle.

② s'approche ; sont ; saisit ; vont ; trouve ; pense.

③ a. Mes oncles partent en Amérique.
b. Pouvez-vous acheter des olives ?
c. Vous connaissez bien les règles d'orthographe.
d. Des lapins sourient à des chasseurs.

④ a. diminuent ; b. prend ; c. se reposent ; d. grandissent.

⑤ Exemples de réponses :
– Le cheval est un animal attachant.
– Les chevaux sont des animaux attachants.

31. Accorder le verbe avec le sujet, 2 (p. 33)

①

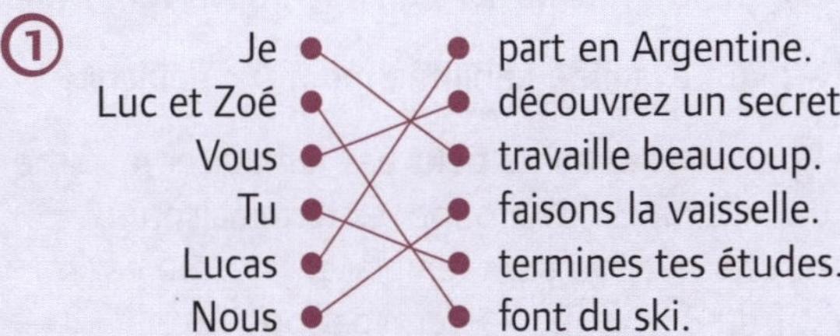

Corrigés

② **a.** Je ; **b.** Nous ; **c.** Ils ou Elles; **d.** tu ; **e.** tu ; **f.** Vous.

③ **a.** déménagent ; **b.** se retrouvent ; **c.** se dispute ; **d.** font.

④ **a.** livres ; **b.** journal ; **c.** élèves ; **d.** joueurs ; **e.** bouliste.

⑤ **a.** rentre ; **b.** décident ; **c.** s'éveillent ; **d.** est ; **e.** disparaissent.

32. Savoir accorder le participe passé avec les auxiliaires (p. 34)

① **a.** gagné ; **b.** fini ; **c.** sauvé ; **d.** dormi ; **e.** trouvé.

② **a.** descendus, remontés ; **b.** partis, revenus ; **c.** rentrée ; **d.** apparues.

③ ils sont venu**s** ; elle est venu**e** ; elles sont venu**es** ; il est venu ; nous sommes venu**s** ; vous êtes venu**s** ; je suis venu(**e**) ; tu es venu(**e**).

④

Je	part en Argentine.
Les policiers	ont terminé leurs achats.
Elle	suis partie à temps.
Il	sont arrivés en retard.
Les clientes	est tombée malade.

⑤ C'est une fille qui dit **je** : *Je suis parti**e***.
Le participe passé, qui s'accorde avec l'auxiliaire **être**, est au féminin singulier.

⑥ **a.** Nous l'avons vendu**e**. **b.** Tu les a terminé**s**. **c.** Il les a sauvé**es**. **d.** Elle les a réduit**es**. **e.** Ils l'ont installé**e**.

33. Savoir quand écrire *-é* ou *-er* (p. 35)

① **a.** particip**é** ; **b.** saut**é**, lanc**é** ; **c.** gagn**er**, rapport**er** ; **d.** bless**é**, mont**er**.

② Il fallait écrire ***-é*** car on ne peut pas remplacer participé par un infinitif du 3e groupe (ex. : dormir).

③ ~~différencié~~ ; ~~maquiller~~ ; ~~grimpé~~ ; ~~observer~~ ; ~~avalé~~.

④ arriv**é** ; examin**é** ; abîm**é** ; mont**er** ; dénich**er**.

⑤ Pour **arrivé**, on ne peut pas remplacer le verbe par un infinitif du 3e groupe → terminaison ***-é***.
Pour **dénicher**, on peut remplacer le verbe par un infinitif du 3e groupe → terminaison ***-er***.

⑥ […] a **quitté** la banquise pour **retrouver** son cousin […] **croisé** depuis plus de deux ans. […] a **emprunté** un hélicoptère […].

34. Savoir quand écrire *a, as* ou *à* (p. 36)

① **a.** as ; **b.** a ; **c.** a ; **d.** as ; **e.** as ; **f.** a ; **g.** a.

② **a.** à ; **b.** à ; **c.** a ; **d.** à ; **e.** a ; **f.** a.

③ Dans la dernière phrase, on peut remplacer le son [a] par *avait* : il faut donc écrire **a** sans accent.

④ **a.** Il y **a** de la neige à Noël. **b.** **As**-tu ton permis ? **c.** Le train **a** une heure de retard. **d.** Est-ce que tu **as** le temps ?

⑤ Comme il y **a** […] patin **à** glace. Il **a** pensé **à** s'habiller […] **à** côté […] « Tu **as** oublié […] ! »

⑥ Exemple de réponse :
Marion **a** du mal **à** garder son calme.

35. Orthographier les verbes en *-eler, -eter, -oyer, -uyer* (p. 37)

① tu tutoies → tutoyer ;
ils emploient → employer ; je nettoie → nettoyer ;
elle tournoie → tournoyer ;
nous appuyons → appuyer ; elle essuie → essuyer.

② Il fallait entourer :
il appelle ; ils tutoient ; elles jettent ; vous appelez ; nous hoquetons ; nous jetons.

③ je → gèlerai ; les enfants → étiquetteront ;
tu → appelleras ; Lucas → pèlera ;
vous → appellerez ; nous → jetterons.

④

Rejeter	Essuyer
Nous rejetterons	Nous essuierons
Tu rejetteras	Tu essuieras
Il rejettera	Il essuiera
Vous rejetterez	Vous essuierez

⑤ **a.** Le magicien ensorcellera un dragon.
b. Les sorcières tournoieront dans le ciel.
c. Tu appuieras sur le bouton.
d. Nous vouvoierons chaque enseignant.

⑥ **a. Je nettoie** avec soin **mes** affaires.
b. Tu appelles vite les pompiers.

36. Distinguer *s'est, c'est, ces* et *ses* (p. 38)

① **a.** ces ; **b.** ses ; **c.** ses ; **d.** Ces.

② **a.** C'est ; **b.** Ces ; **c.** C'est ; **d.** C'est ; **e.** Ces.

③ **a. Ces** garçons sont merveilleux.
b. Ces beaux tableaux datent de 1599.
c. Ses filles partent tous les jours à 16 h 30.

④ **a. C'est** mon ami. **b.** Elle **s'est** lavée.
c. Le patineur **s'est** blessé à la cheville.
d. C'est la plus belle fleur du magasin.

⑤ **a.** s'est ; **b.** C'est ; **c.** Ces ; **d.** ses.

⑥ Exemples de réponses :
Emma **s'est** rendue à la bibliothèque.
Elle a préparé un exposé avec **ses** amies.

37. Savoir quand écrire *mes, mais* et *m'est* (p. 39)

① **a.** Mes ; **b.** mes ; **c.** m'est ; **d.** Mes ;
e. m'est ; **f.** Mes.

② **a.** Mais, mes ; **b.** mais ; **c.** mais ; **d.** mes ;
e. Mes ; **f.** mais.

③ **a.** lui est ; **b.** lui est ; **c.** Nos ; **d.** nos.

④ **a.** mes ; **b.** mais ; **c.** M'est ; **d.** Mes ; **e.** m'est.

⑤ Exemples de réponses :
– Tu parles bien, **mais** tu as tort.
– **Mes** deux joueurs préférés sont en finale.

38. Distinguer *leur, leurs* et *sans, s'en* (p. 40)

① **a.** Les élèves sortent leur cahier de textes.
b. Les skieurs chaussent leurs skis.
c. Nous leur donnons à manger.
d. Est-ce que tu leur fais confiance ?
e. Je leur ai offert un joli bouquet.

② **a.** Il s'en est rendu compte un peu tard.
b. Ta pizza, tu la veux avec ou sans champignons ?
c. Pascal m'a croisé sans me saluer.
d. Elles s'en allèrent en sautant de joie.
e. Après tout, qu'il s'en occupe lui-même !

③ S'en → est-il aperçu ? ; Leurs → bottes sont toutes sales. ; Sans → hésiter, je réponds oui ! ; Leur → a-t-on dit la vérité ?

④ **a.** s'en ; **b.** sans ; **c.** leurs ; **d.** leur ; **e.** s'en ;
f. leurs.

⑤ **a.** leurs ; **b.** sans ; **c.** Leur fille est partie sans son goûter, mais elle s'en est aperçue à temps.
d. leur.

⑥ Exemple avec leur : **Leur** fille est malade.
Exemple avec leurs : Julie et Jean ont invité tous **leurs** amis.

39. Distinguer *on, on n'* et *dont, donc* (p. 41)

① **a.** On veut tous aller au cinéma.
b. On accepte de vous aider.
c. On n'arrive jamais en retard.
d. On est heureux de vous voir.
e. On n'hésitera pas à te répondre.

② **a.** donc ; **b.** Donc ; **c.** Donc ; **d.** dont ; **e.** Donc ;
f. dont.

③ Il faut compléter avec « on n' » car il y a la négation « pas ».

④ **a.** On ; **b.** on ; **c.** Donc ; **d.** dont ; **e.** On n' ;
f. donc.

⑤ **a.** dont ; **b.** On n' ; on ; **c.** donc ; **d.** On est en finale et on n'a pas perdu un match !

⑥ Un exemple avec on : **On** a vu un joli spectacle.
Un exemple avec on n' : **On n'**a pas eu de bonbons aujourd'hui.

40. Distinguer *quel(s), quelle(s)* et *qu'elle(s)* (p. 42)

①

Qu'elle	mamie !
Quel	sont sérieuses !
Quelles	beautés !
Qu'elles	est énervante !
Quelle	joueur époustouflant !
Quels	merveilleux cadeaux !

② **a.** Quelles femmes ! **b.** Quelles gentilles louves !
c. Quelles belles héroïnes ! **d.** Quelles affreuses géantes ! **e.** Quelles méchantes princesses !

③ **a.** quelle ; **b.** qu'elle ; **c.** qu'elles, quel ;
d. quelle ; **e.** Quel.

④ **a.** Quelle ; **b.** quelles ; **c.** Quels ; **d.** Quelle ;
e. quel.

⑤ **a.** qu'elle ; **b.** quelle ; **c.** quelle ; **d.** qu'elle ;
e. Quelle.

6 Exemple de réponse :
Laura est malade, je crois **qu'elle** a la varicelle.

41. Connaître des féminins particuliers (p. 43)

1
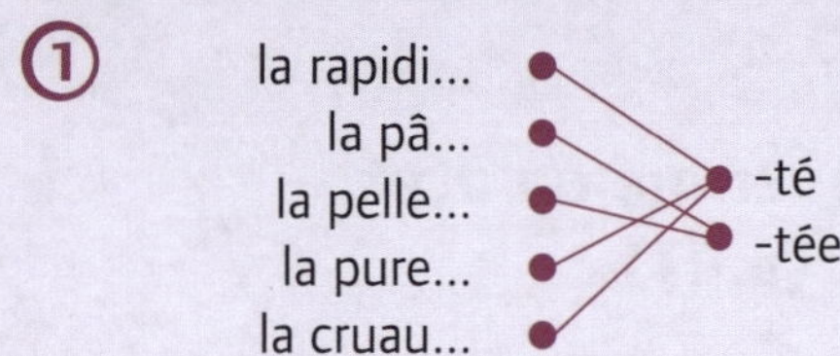

2 **a.** La sœur ; **b.** ma tante ;
c. une architecte.

3 **a.** une cuisini**ère** malicieu**se** ; **b.** une espion**ne** démasqué**e** ; **c.** une baron**ne** élégant**e** ;
d. une pâtissi**ère** étonnant**e**.

4 **a.** bon**té** ; **b.** méchance**té** ; **c.** beau**té** ;
d. célébri**té** ; **e.** agili**té**.

5 **a.** une poule ; **b.** une vache ;
c. une chèvre ; **d.** une biche.

6 Exemples de réponses :
– Éva et Tino sont liés par une belle **amitié**.
– C'est une belle **journée** qui s'annonce.

42. Connaître des pluriels particuliers (p. 44)

1 ~~des anneaux~~.

2 des bateau... / des livre... / des cartable... / des gâteau... / des effaceur... / des chapeau... — -s / -x

3 **a.** des journ**aux** ; **b.** des anim**aux** ; **c.** des chev**aux** ; **d.** des mét**aux** ; **e.** des carnava**ls** ;
f. des boc**aux** ; **g.** des éta**ls**.

4 **a.** le tribun**al** ; **b.** mon **œil** ; **c.** un berc**eau** ;
d. son cl**ou**.

5 **a.** génér**aux** ; **b.** trav**aux** ; **c.** milieu**x**.

6 **a.** Les corbeau**x** sont effrayés par les épouvantail**s**.
b. Les vitr**aux** de ces églises sont étincelants.
c. Les vents soufflaient dans les soupir**aux**.

Vocabulaire

43. Se repérer dans un dictionnaire (p. 45)

1 Chaque mot commence par les lettres **FIL**.

2 Adjectif : **filiforme**. Verbe : **filmer**.

3 L'abréviation du mot adjectif est **adj.**

4 février – fiancé – ficelle – fidèle – fièvre – figue.

5 FIL[M]ER.

6 n.f. : **nom féminin**. v. : **verbe**.

7 **b.** entre « filiforme » et « fille ».

44. Trouver le sens d'un mot (p. 46)

1 **a.** « Deux filles se disputent dans la cour. »
b. « personne baptisée ayant un parrain et une marraine. »

2 **a.** Le mot **film** a trois sens différents.
b. « Œuvre cinématographique ».

3 **a.** « Fine bande de plastique transparente. »
b. [une cabane].

4 **c.** Le dieu de la guerre au temps des Romains.

5 une feuille.

6 Exemple de réponse :
En hiver, les arbres perdent leurs **feuilles**.

7 Le mot à trouver est une **punaise**.

45. Distinguer les préfixes et les suffixes (p. 47)

1 [im]possible – [dis]paraître – [in]correct – [dé]courager – [re]production – [pré]visible – [a]normal – [mal]heureusement – [re]faire

2 **a.** fléch**ette** ; **b.** planch**ette** ; **c.** courg**ette** ;
d. tabl**ette** ; **e.** voitur**ette**.

3 **a.** lav**able** ; **b.** abord**able** ; **c.** habit**able** ;
d. mani**able** ; **e.** recycl**able**.

4 **a.** regard**able** ; **b.** **im**mortel ; **c.** **re**partir ;
d. **in**visible ; **e.** **dé**coller ; **f.** récupér**able**.

5 [dé]place<u>ment</u> – [a]normal<u>ité</u> – [dé]visag<u>er</u> – [in]attaqu<u>able</u> – [ré]form<u>able</u> - [im]modeste<u>ment</u>

6 Exemples de réponses :
– J'ai acheté des piles **rechargeables**.
– Les enfants jouent dans la **courette**.

46. Reconnaître les mots de la même famille (p. 48)

1 Le radical est **gel**.

2 ~~brave~~, ~~courant~~.

3

1re famille	2e famille
lavage, lavement, délavé, prélavage, laver.	prélever, enlèvement, prélèvement, lévitation, enlever.

4 Exemples de réponses :
placement, emplacement, replacer, remplacer, remplaçant, déplacer, déplacement.

5

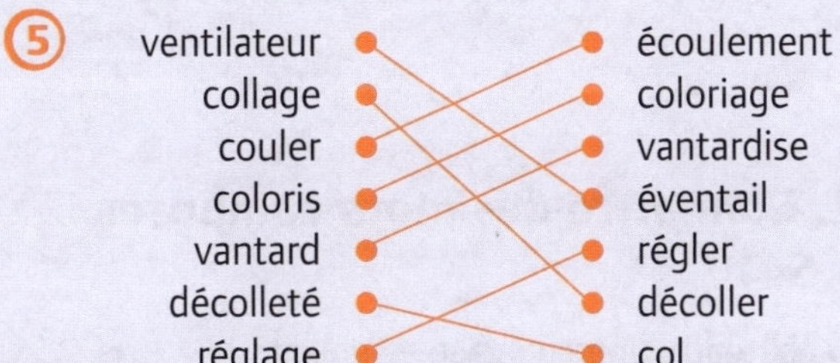

6 Verbe : **penser**. Adjectif : **pensif**.

7 Verbe : **amuser**, **s'amuser**. Adjectif : **amusant**.

47. Former un nom à partir d'un verbe ou d'un adjectif (p. 49)

1 **a.** imagin**ation** ; **b.** répar**ation** ; **c.** présent**ation** ; **d.** consomm**ation**.

2 **a.** immens**ité** ; **b.** valid**ité** ; **c.** gratu**ité** ; **d.** fragil**ité** ; **e.** musical**ité**.

3 **a.** le jardin**age** ; **b.** l'arros**age** ; **c.** l'égalis**ation** ; **d.** la lent**eur** ; **e.** le colori**age** ; **f.** le mari**age**.

4 Comprendre le **fonctionnement** d'un magnétoscope n'est pas si facile. Lisez la notice avant d'effectuer un **enregistrement**. Avec un peu d'**entraînement**, vous manierez facilement la télécommande.

5 **a.** Un homme courageux fait preuve de **courage**. **b.** Un canot qui sert à sauver est un canot de **sauvetage**. **c.** Un héros qui est immortel à le don de l'**immortalité**.

6 **a. Annulation** du concert de Lorita.
b. Fermeture des musées de Paris.

48. Identifier et créer un champ lexical (p. 50)

1

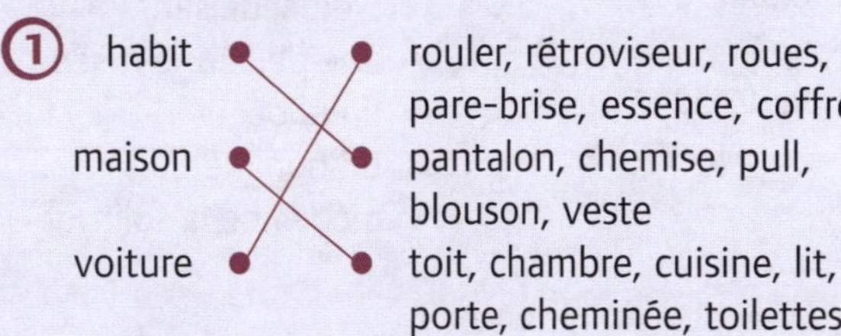

2 **a.** Champ lexical des **mois**.
b. Champ lexical du **tennis**.
c. Champ lexical du **corps**.
d. Champ lexical de la **nourriture**.

3 Exemples de réponses :
sourcil, cil, nez, menton, paupières, joue, bouche, lèvre…

4

Nature	Travail
montagne, océan, fleurs, forêt, arbres, buisson.	horaires, paye, emploi, concentration, bureau, entreprise.

5 **a.** but, goal, ballon, hors-jeu, onze, corner, coup franc, mi-temps…
b. maîtresse, directeur, élève, leçons, cour, récréation, tableau…

6 **a.** cinéma ; **b.** docteur.

49. Différencier le sens propre et le sens figuré (p. 51)

1

	Sens propre	Sens figuré
Au feu, je tourne à gauche.	✓	
Laura a cassé un vase.	✓	
Tout ce bruit, ça me casse les pieds.		✓
Un bouchon s'est créé sur l'autoroute.		✓
Le bouchon de cette bouteille est abîmé.	✓	

2 **a.** sens propre ; **b.** sens figuré ; **c.** sens propre ; **d.** sens figuré.

Corrigés

③

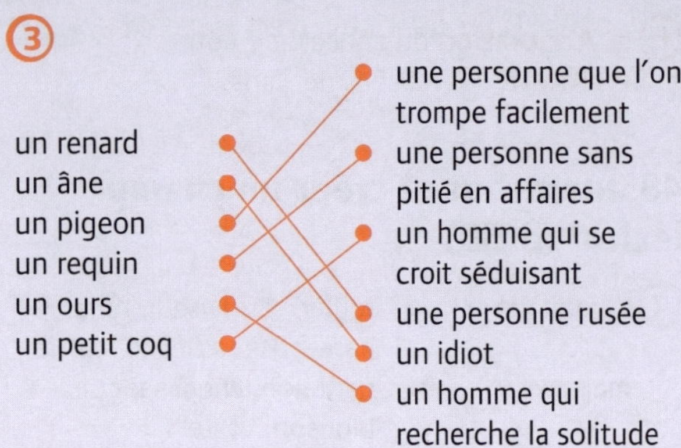

④ Exemples de réponses :
a. Sens propre : J'entends l'**âne** braire dans son pré.
Sens figuré : Quel **âne**, ce Marc-Antoine, il ignore que 6 × 3 = 18 !
b. Sens propre : J'ai vu un documentaire sur la vie des **renards**.
Sens figuré : Quel **renard**, mon frère, il a obtenu une énorme réduction sur l'achat de son MP3.

50. Différencier les synonymes et les antonymes (p. 52)

①

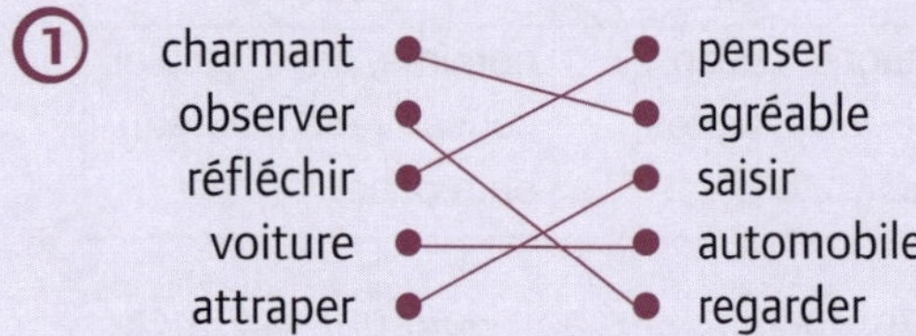

② **a. Marchand** et **commerçant** sont des synonymes. **b. Richesse** et **pauvreté** sont des antonymes. **c. Discuter** et **bavarder** sont des synonymes.

③ **a. in**connu ; **b. mal**adroit ; **c. in**capable ; **d. mal**honnête ; **e. dé**bloquer ; **f. in**habité ; **g. dés**obéir.

④

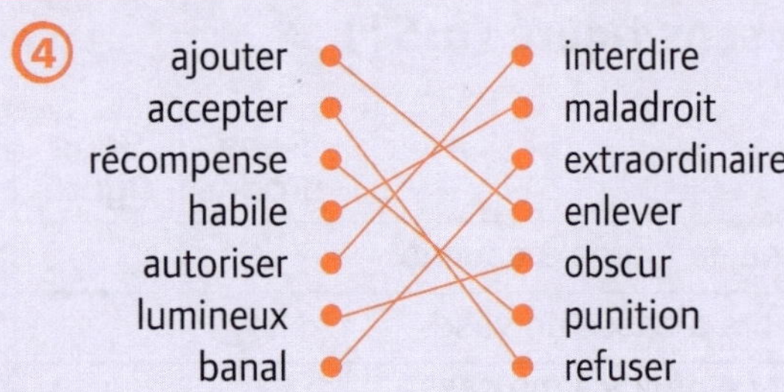

⑤

lisible : **illisible**	ouvrir : **fermer**
léger : **lourd**	lenteur : **rapidité**
payant : **gratuit**	accélérer : **ralentir**
peureux : **courageux**	avare : **généreux**

⑥ **a.** rire ; **b.** se dépêcher ; **c.** livre ; **d.** voiture.

51. Distinguer quelques homophones (p. 53)

①

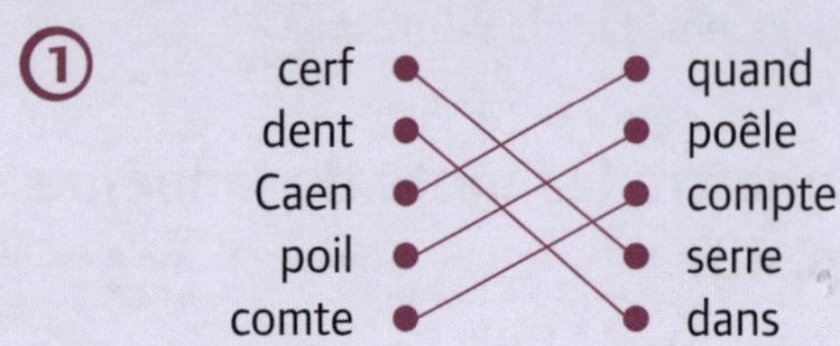

② **a.** lait ; **b.** peau ; **c.** comtes ; **d.** chant ; **e.** vers.

③ **a.** maître ; **b.** mètres ; **c.** mettre.

④

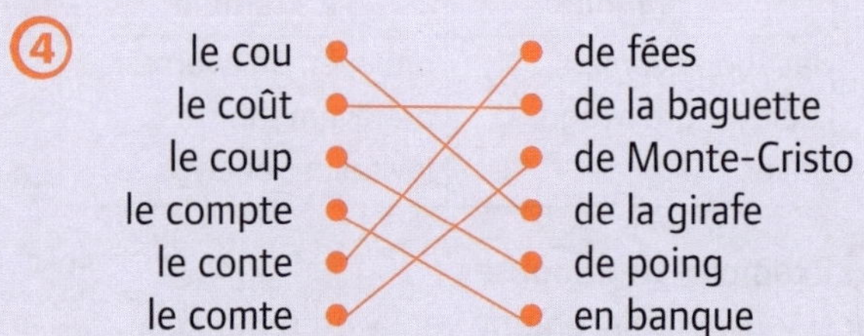

⑤ **a.** pense ; **b.** panse ; **c.** danse ; **d.** dense.

⑥ **a.** un renne ; **b.** un cygne ; **c.** un chat.

52. Connaître des mots composés (p. 54)

① ~~château~~ – ~~marchandise~~ – ~~rebord~~ – ~~anticonstitutionnellement~~.

②

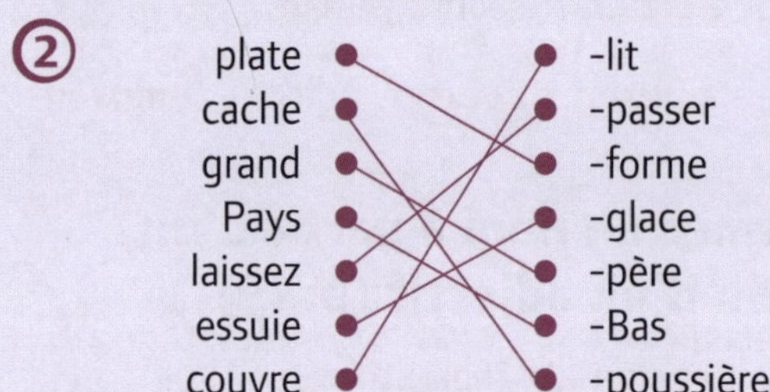

③ **a. contre**-jour ; **contre**-la-montre ; **contre**-attaque ; **contre**-espionnage.
b. casse-noisette ; **casse**-croûte ; **casse**-tête ; **casse**-cou.
c. cache-prise ; **cache**-col ; **cache**-cache ; **cache**-cœur.

④

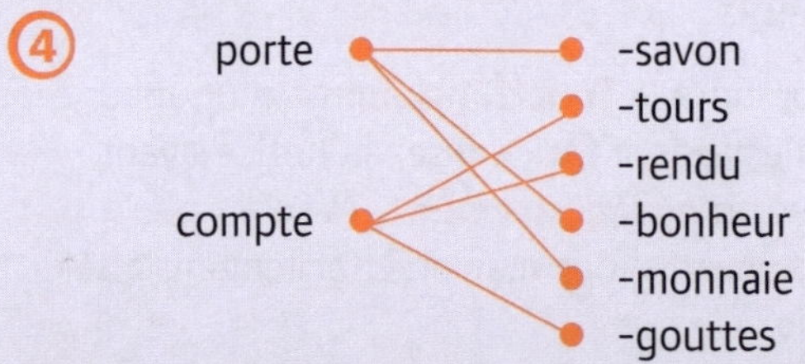

⑤ **a.** un timbre-**poste** ; **b.** chefs-d'**œuvre** ; **c.** tire-**bouchon** ; **d. cache**-nez.

⑥ **a.** adjectif (**adj.**) ; **b.** verbe (**v.**) ; **c.** adjectif (**adj.**) ; **d.** nom (**n.**).

53. Former des adverbes (p. 55)

① extrêmement ; sûrement ; vaillamment.

②

Adjectif masculin	Adjectif féminin	Adverbe
froid	froide	froidement
chaud	chaude	chaudement
grand	grande	grandement
dur	dure	durement
faux	fausse	faussement

③ **a.** normal**ement** ; **b.** correct**ement** ; **c.** furieus**ement** ; **d.** obligatoir**ement**.

④ **a.** parler **étrangement** ; **b.** réagir **vivement** ; **c.** se parfumer **délicatement** ; **d.** écrire **remarquablement** ; **e.** se vêtir **admirablement**.

⑤ **a.** étonn**amment** ; **b.** br**ièvement** ; **c.** intellig**emment**.

⑥ ~~logement~~ ; ~~appartement~~.

54. Maîtriser les trois niveaux de langue (p. 56)

①

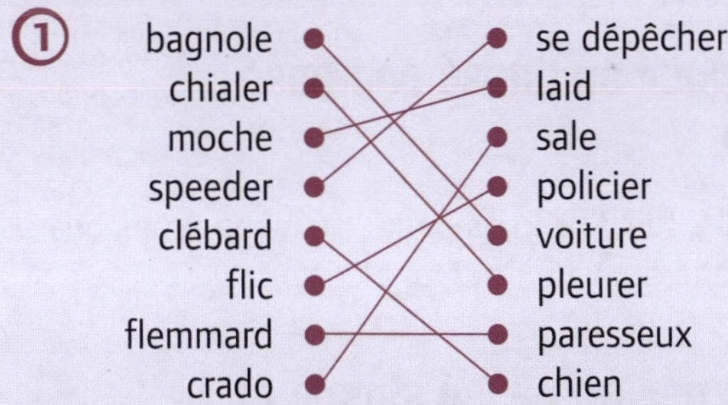

② **a.** langage familier ; **b.** langage soutenu ; **c.** langage familier ; **d.** langage courant ; **e.** langage courant.

③

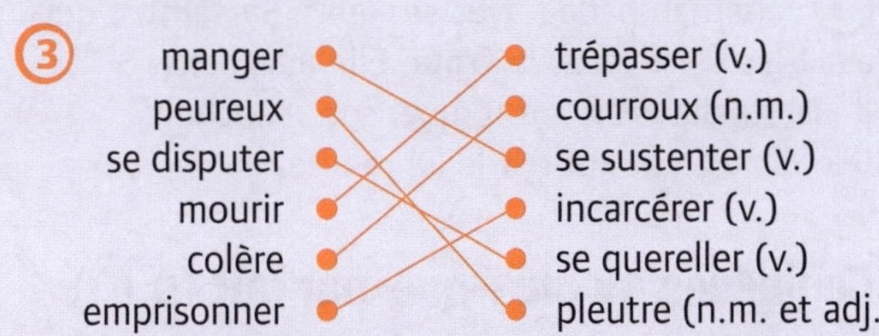

④ **a.** Est-ce que tu aurais des **chaussures** à me **prêter** ?
b. Il **n'**a pas dormi de la nuit.
c. **Il** faut que je parte, il est tard.
d. Mon frère ne **comprend** vraiment rien.
e. **Il n'**y a qu'à travailler pour progresser.

55. Connaître des racines grecques et latines (p. 57)

①

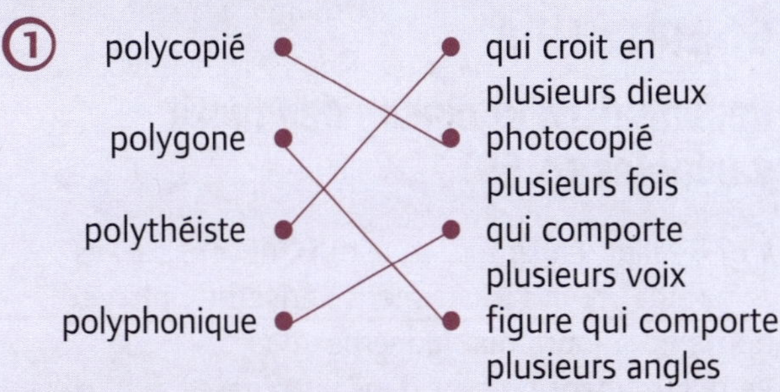

② Exemples de réponses :
géographie, **géo**logue, **géo**thermie, **géo**métrie…

③ Exemples de réponses :
chronomètre, **chrono**logie, **chrono**métrer…

④ **a.** un carni**vore** ; **b.** un herbi**vore**.

⑤ **a.** un **somn**ambule ; **b.** un **somni**fère.

⑥ **a.** insecti**cide** ; **b.** **aqua**tiques ; **c.** **aqua**rium.

⑦ **a.** thermo**mètre** ; **b.** chrono**mètre** ; **c.** péri**mètre**.

56. Savoir que les mots voyagent et ont une histoire (p. 58)

①

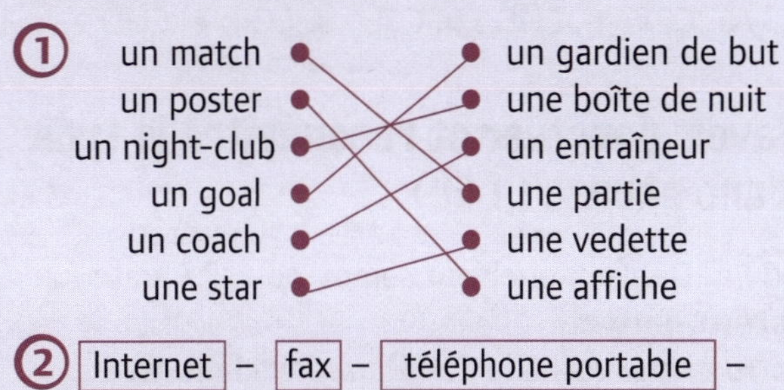

② [Internet] – [fax] – [téléphone portable] – [e-mail] - [magnétoscope].

③ **a.** une pizzéria (ou pizzeria) ; **b.** une paella ; **c.** un couscous ; **d.** des spaghettis.

④ **a.** nourriture ; **b.** sport ; **c.** habit ; **d.** habit ; **e.** nourriture ; **f.** sport.

⑤

⑥ **a.** parking ; **b.** caddie.

Corrigés

Bilans

Grammaire

Reconnaître la classe des mots variables (p. 59)

① Il fallait encadrer : **a.** est ; **b.** devons ; **c.** es ;
a. nature : nom ; **b.** vraiment : adverbe ; planète : nom ; **c.** aujourd'hui : adverbe.
Le déterminant présent dans les phrases a, b, c est **« la »**, article défini.

Comprendre la relation sujet-verbe (p. 59)

② **a.** Cet animal protège ses petits.

b. La buse repère et fonce sur ses proies

c. Au fond des bois hurle le loup.

→ **Au fond des bois hurlent les loups.**

Identifier des compléments d'objet et des compléments circonstanciels (p. 59)

③ **a.** CCT ; **b.** COD ; **c.** CCL ; **d.** COI ; **e.** COD.

Savoir ponctuer et reconnaître le type d'une phrase (p. 59)

④ **a.** Demain, quel jour serons-nous ? Phrase **interrogative**.
b. Tu m'énerves, à la fin ! Phrase **exclamative**.
c. Victor, tu vas être en retard ! Phrase **exclamative**.
d. De temps en temps, je m'ennuie un peu. Phrase **déclarative**.
e. Apportez-moi un café, s'il vous plaît. Phrase **impérative (injonctive)**.

Trouver un pronom démonstratif et distinguer les phrases simples et complexes (p. 60)

⑤ Il fallait entourer : **a.** Celle-ci ; **b.** C' ; **c.** celui-ci ; **d.** ça ; **e.** cela.

Phrases simples	Phrases complexes
a., e.	b., c., d.

Distinguer des déterminants et des pronoms personnels compléments (p. 60)

⑥ **a.** Ce le ; **b.** ces le ; **c.** Ce l' ; **d.** les ces ;
e. la cette.

Identifier des expansions du nom et les adjectifs attributs (p. 60)

⑦ **a.** La petite fille **de la maîtresse** qui est encore enceinte a 2 ans. → **CdN.**
b. Dans les contes qu'on me lit, les marâtres sont **méchantes.** → **adjectif attribut.**
c. Une moto **noire** a heurté un pylone. → **adjectif épithète.**

Conjugaison

Connaître les groupes et savoir conjuguer au présent (p. 60)

① **a.** devons (**3e** groupe) ; **b.** aime (**1er** groupe) ; **c.** fleurissent (**2e** groupe) ; **d.** vas (**3e** groupe) ; **e.** sont (**3e** groupe).

Conjuguer au passé composé (p. 61)

② **a.** Il a fait ; **b.** Tu as parlé ; **c.** Nous avons pris ; **d.** Un renard a volé ; **e.** Qui a crié.

Conjuguer au passé simple et reconnaître un emploi de l'imparfait (p. 61)

③ Jonathan parlait avec ses amis. Samantha, qui avait les yeux verts, le **frôla**. Elle marchait.
Il **vit** qu'elle avait fait tomber son mouchoir.
Il le ramassa et **courut** le lui rendre.

Conjuguer au plus-que-parfait (p. 61)

④ **a.** avaient menti ; **b.** avait éclaté, avait trouvé ; **c.** étaient allées, avaient vu.

Conjuguer au futur (p. 61)

⑤ **a.** tourneras ; **b.** irons ; **c.** fera ; **d.** obéirez ; **e.** auront.

Conjuguer au futur antérieur et trouver un participe présent (p. 61)

⑥ **a.** Elle aura fermé la fenêtre. P. présent : ferm**ant**.
b. Tu auras acheté du pain. P. présent : achet**ant**.
c. Nous aurons pris le train. P. présent : pren**ant**.
d. Marc sera allé se coucher. P. présent : all**ant**.
e. Vous aurez été très sérieux. P. présent : ét**ant**.

Conjuguer au conditionnel et à l'imparfait (p. 62)

⑦ **a.** travaill**ais**, aur**ais**.
b. ven**aient**, trouver**aient**, ser**aient**.

Orthographe

Savoir accorder un sujet et un verbe (p. 62)

① **a. Des singes énormes** ont attaqué deux girafes. **b. Ces petites fourmis** font de grands travaux. **c. Des aigles noirs** survolent les montagnes. **d. Les belles voitures de mes voisins** sont en panne. **e. Ces robes rouges** coûtent 75 euros.

Accorder un participe passé (p. 62)

② **a.** ont pass**é** ; sont parti**es** ; ont visit**é**.
b. sont ven**us** ; ont assist**é**.

Savoir quand écrire *-er*, *-é* et *à*, *a* (p. 62)

③ **a.** Julie **a** dans**é** toute la nuit et elle **a** mal **à** la cheville. **b.** John aime mang**er** **à** la cantine car il y **a** souvent des haricots verts. **c.** La maîtresse, **à** la fin de la journée, **a** très envie de corrig**er** les cahiers des élèves.

Orthographier les verbes en *-eler*, *-eter* et *-oyer*, *-uyer* (p. 62)

④ **a.** Je nettoie ; tu essuies.
b. Olivia appelle.
c. Ils jettent.
d. ces chiens qui aboient.

Distinguer *s'est*, *c'est*, *ses*, *ces* et former des pluriels particuliers (p. 63)

⑤ Il fallait entourer : **a.** s'est ; **b.** C'est ; **c.** ses.
Un chandail : des chandail**s** ; un lionceau : des lionceau**x**.

Différencier *mes*, *mais*, *m'est* et *qu'elle*, *quelle*, *quel* (p. 63)

⑥ **a.** [qu'elle] [mais] ; **b.** [Quelle] ; **c.** [m'est] ;
d. [Mes].

Distinguer des homophones (p. 63)

⑦ Il fallait entourer : **a.** On n' ; **b.** leur, sans ;
c. On ; **d.** leurs.

Connaître des féminins particuliers (p. 63)

⑧
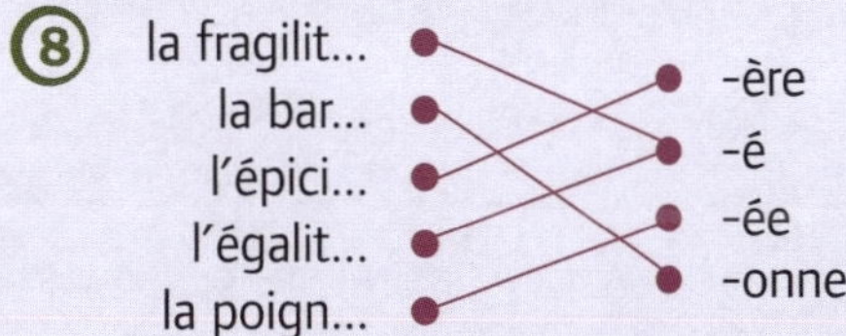

Vocabulaire

Maîtriser l'ordre alphabétique et trouver le sens d'un mot (p. 63)

① Piocher – pion – pionnier – poche.
Le mot **pion** a ici le sens de surveillant (**c.**)

Décomposer un mot et trouver des mots de la même famille (p. 63)

② **a.** [Dé]régl[er] : **réglage**, **règlement**, **règle**…
b. [At]terr[ir] : **terre**, **atterrissage**, **terreux**…

Former des noms et identifier un champ lexical (p. 64)

③ **a.** le nag**eur** ; **b.** le lanc**eur** ; **c.** le cour**eur** ;
d. la créa**tion**.
Les trois mots nageur, lanceur et coureur appartiennent au champ lexical du **sport**.

Corrigés

Maîtriser les niveaux de langue et reconnaître le sens figuré (p. 64)

④ Mots au sens figuré : **b.** loucher ; **e.** scalper.

Familier → loucher, frangine, scalper.
Courant → embouteillages, frites, coiffeur.
Soutenu → tumulte, céphalées.

Distinguer synonymes, antonymes et homophones (p. 64)

⑤ Synonymes : **chuchoter** et **murmurer**.
Antonymes : **lenteur** et **rapidité** ;
vérité et **mensonge**.
Homophones : **vert** et **vers** ; **leur** et **leurre**.

Connaître des noms composés (p. 64)

⑥

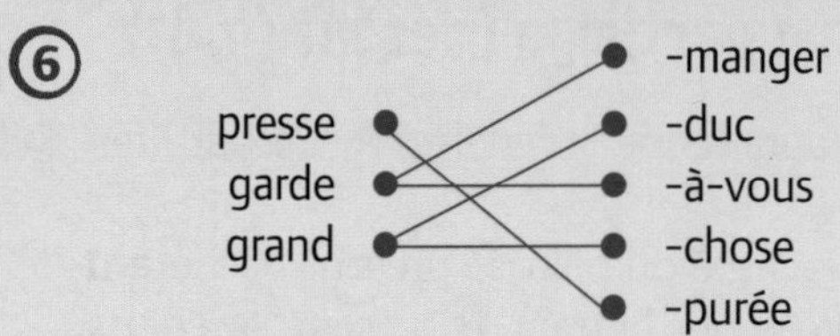

Connaître des racines et former des adverbes (p. 64)

⑦ Exemples de réponses :
graphique, graphologie, graphisme, autographe, paragraphe…
Adverbes : géographiquement, graphiquement…

Direction éditoriale : Odette Dénommée
Coordination éditoriale : Anne-Sophie Cayrey, Anne-Sophie de Rochemonteix
Édition : Suzanne Pointu
Correction : Michèle Aguigné
Création maquette : Zaoum
Maquette intérieure : Christophe Savelli
Couverture : Team Créatif, Kati Fleury
Composition : LaserGraphie

Accorder le verbe avec le sujet (2)

Je retiens

Julie, Vanessa, Clara, Olga, Laura et Zoé **sont** mes amies !

- Si le sujet est un long groupe nominal, le verbe s'accorde avec le nom **noyau** (mot que l'on ne peut pas enlever).

  *Les **gardiens** de ce magasin* **sont** en grève.
  (gardiens : sujet ; sont : verbe)

  → accord du verbe à la 3e personne du pluriel car gardiens est le nom noyau.
- Si un verbe est commandé par plusieurs sujets, on accorde le verbe au pluriel :

  Pierre, Lucas et Sylvie revienne**nt** du cinéma.

Gil-Alain de la Ciboulette aux Oignons **est** mon meilleur ami !

Je m'entraîne

1 Relie chaque sujet à son verbe.

Je •	• part en Argentine.
Luc et Zoé •	• découvrez un secret.
Vous •	• travaille beaucoup.
Tu •	• faisons la vaisselle.
Lucas •	• termines tes études.
Nous •	• font du ski.

2 Complète les phrases avec le pronom personnel qui convient.

a. .... suis en retard ce matin.

b. .... marchons en file indienne.

c. .... ont attaqué la réserve des Sioux.

d. Penses-.......... qu'il y aura assez de bisons ?

e. As-.......... dit « bisons » ou « visons » ?

f. .... marchez sur des œufs.

3 Entoure le verbe qui est bien accordé.

a. Les filles de la voisine (déménage – déménagent).

b. Les amateurs de footing (se retrouvent – se retrouve) au bois.

c. Le tournoi des champions (se disputent – se dispute) à Lyon.

d. Un lièvre et une tortue (fait – font) la course.

J'approfondis

4 Entoure le nom noyau des GN sujets.

a. Les livres de ma sœur sont passionnants.

b. Le journal des chaînes télévisées me fascine.

c. Les élèves de l'école Victor-Hugo travaillent bien.

d. Les joueurs de tennis de table commencent leur échauffement.

e. La meilleure bouliste des vingt-cinq dernières années se nomme Petra Janssen.

5 Effectue l'accord au présent.

a. Laura, après huit heures de cours, (rentrer) .... chez elle.

b. Un chien, un chat et une souris (décider) .... de faire la paix.

c. Le matin, au bord de l'étang (s'éveiller) .... les grenouilles.

d. Cet homme aux bottines rouges (être) .... recherché par la police.

e. Les grands fauves de la jungle (disparaître) .... peu à peu.

Infos parents

Comme prolongement à ces activités, vous pouvez donner dix lignes d'un roman à votre enfant en lui demandant de trouver le sujet de chaque verbe conjugué.

Savoir accorder le participe passé avec les auxiliaires

Je retiens

Avec **avoir**, le participe passé **ne s'accorde pas** avec le sujet.

- Le participe passé employé avec ***avoir*** ne s'accorde pas avec le sujet :
  Lucas et Marion ont dessin**é** un avion.
- Le participe passé employé avec ***être*** s'accorde avec le sujet, en genre et en nombre :
  Clara et Marion sont tomb**ées** par terre.
- Le participe passé s'accorde avec le COD si le COD est placé **avant** *avoir* :
  Marguerite **les** a mang**és** (ses épinards).
  sujet COD COD
  La truite que nous avons pêch**ée.**
  COD sujet

Tu as bien parlé ! Mais avec **être**, **il y a accord,** d'accord ?

Je m'entraîne

1 Complète les phrases avec le participe passé qui convient.

a. J'ai (gagner) .... aux dames.

b. Ils ont (finir) .... leurs devoirs.

c. Des pompiers ont (sauver) .... un chat.

d. Nous avons mal (dormir) ....

e. Où as-tu (trouver) .... ce sac ?

2 Complète les participes passés employés avec être.

a. Paul et Virginie sont descendu.... à la cave et sont remonté.... les mains vides.

b. Les enfants sont parti.... à l'école et ne sont pas encore revenu.... .

c. La caissière est rentré.... de vacances.

d. Les hirondelles sont apparu.... .

3 Conjugue le verbe venir au passé composé.

ils	elle ....
elles	il ....
nous	vous ....
je	tu ....

J'approfondis

4 Reconstitue les phrases en les reliant.

Je •	• part en Argentine.
Les policiers •	• ont terminé leurs achats.
Elle •	• suis partie à temps.
Il •	• sont arrivés en retard.
Les clientes •	• est tombée malade.

5 Dans l'exercice 4, qui dit je ? Une fille ou un garçon ? Comment le sais-tu ?

....

6 Accorde les participes passés avec le COD placé avant avoir.

*Il a pêché une **truite.** → Il **l'**a pêch**ée.***

a. Nous avons vendu la voiture.

→ Nous l'avons ....

b. Tu as terminé tes exercices.

→ Tu les as ....

c. Il a sauvé des baleines.

→ Il les a ....

d. Elle a réduit ses dépenses.

→ Elle les a ....

e. Les ouvriers ont installé une piscine.

→ Ils l'ont ....

Infos parents

• Les programmes indiquent que les élèves doivent connaître en CM2 l'accord du participe passé avec ***être*** et ***avoir*** (le COD étant placé après le verbe).
• L'accord avec le COD placé avant ***avoir***, compétence en cours d'acquisition à l'école, sera développé au collège.

Savoir quand écrire *-é* ou *-er*

Je retiens

Dis, c'est quand qu'on écrit *-é* ou *-er* ?

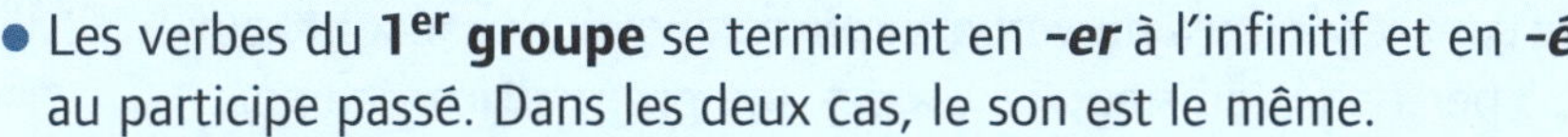

- Les verbes du 1er **groupe** se terminent en ***-er*** à l'infinitif et en ***-é*** au participe passé. Dans les deux cas, le son est le même.
- On doit écrire ***-er*** à la fin du verbe si on peut remplacer ce verbe par un **infinitif du 3e groupe**, comme **peindre**, **vendre** ou **dormir**.
  Je veux danser. → Je veux peindre.
- Si on ne peut pas remplacer le verbe par un infinitif du 3e groupe, c'est qu'il doit se terminer en ***-é*** car c'est un participe passé.
  Nous avons bien chant**é**. → Nous avons bien peint.
  (on ne peut pas dire peindre).

Facile : fais le test avec un infinitif du 3e groupe !

Je m'entraîne

1 Complète les phrases par *-er* ou *-é*.

a. Vincent a particip.... à un concours.

b. Ses amis et lui ont saut.... à la perche et lanc.... le javelot.

c. Tous avaient très envie de gagn.... et de rapport.... la coupe à la maison.

d. Vincent s'est bless.... à la cheville mais il a réussi à mont.... sur le podium.

2 Explique comment tu as fait pour trouver la solution a. de l'exercice 1.

....

....

3 Barre le mot qui ne convient pas.

Anaïs sait (différencier – différencié) les ours. Par exemple, l'ours à lunettes est (maquiller – maquillé) de blanc autour des yeux. L'ours lippu, lui, ne peut pas (grimper – grimpé) aux arbres. Mais Anaïs a (observer – observé) qu'il aime (avaler – avalé) des fourmis.

J'approfondis

4 Place deux terminaisons en *-er* et trois terminaisons en *-é*.

Le vétérinaire est arriv.... au zoo. Il a examin.... un ours malais, qui avait abîm.... ses griffes. Il ne pouvait plus mont.... dans les arbres ni s'en servir pour dénich.... les insectes.

5 Explique comment tu as fait pour compléter le premier et le dernier verbes de l'exercice précédent.

....

....

6 Place au bon endroit les mots suivants.

retrouver – quitté – croisé – emprunté

Un ours blanc a .... la banquise pour .... son cousin ours brun qu'il n'avait plus .... depuis plus de deux ans. L'ours blanc a .... un hélicoptère pour pouvoir saluer son cousin.

Retrouve-nous sur www.jecomprendstout.com, d'autres tests t'attendent !

Infos parents

- Des règles simples, comme celle donnée ici, permettent d'éviter de nombreuses erreurs.
- Vous pouvez aussi faire remarquer à votre enfant qu'il n'y a jamais de participe passé après une préposition (*à, de, pour*...).

Savoir quand écrire *a*, *as*, ou *à*

Je retiens

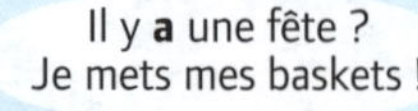

- ***a*** et ***as*** sont les formes du verbe ***avoir*** conjugué au **présent**, aux 2ᵉ et 3ᵉ personnes du singulier ; ***à*** est une **préposition** (comme ***de, avec, en***).
- On écrit ***as*** quand il est accompagné du pronom ***tu.***
  As-**tu** faim ?
- Dans les autres cas, si on peut remplacer le son [a] par ***avait***, alors il faut écrire ***a*** sans accent.
  Il **a** gagné la course. → Pas d'accent car on peut dire Il **avait** gagné la course.
  Il va **à** la piscine. → On met un accent car on ne peut pas dire **avait.**

Je m'entraîne

① Complète les phrases par *a* ou *as*.

a. Est-ce que tu .... bien dormi ?

b. Ce marchand .... beaucoup de clients.

c. Tout le monde .... envie d'être heureux.

d. Pourquoi ....-tu fait ça ?

e. Tu .... bien appris tes tables.

f. Le président .... fait un beau discours.

g. Y ....-t-il un pilote dans l'avion ?

② Complète les phrases par *a* ou *à*.

a. J'en ai marre, ... la fin !

b. Aidez-nous .... bricoler.

c. Pamela .... de beaux habits.

d. Elle aime les glaces .... la pistache.

e. Le professeur .... changé de lunettes.

f. Elle .... fait une tarte.

③ Explique comment tu as fait pour compléter la dernière phase de l'exercice 2.

....

....

J'approfondis

④ Récris au présent les phrases.

a. Il y aura de la neige à Noël.

– ....

b. Auras-tu ton permis ?

– ....

c. Le train aura une heure de retard.

– ....

d. Est-ce que tu auras le temps ?

– ....

⑤ Place dans le texte trois *à*, deux *a* et un *as*.

Comme il y .... de la glace dehors, Karl veut faire du patin .... glace. Il .... pensé .... s'habiller chaudement. Il retrouve un ami .... côté de chez lui et lui dit : « Tu .... oublié ton bonnet ! »

⑥ Invente une phrase avec *a* et *à*.

....

....

....

Infos parents

- Ces homophones sont vus depuis le CM1.
- Cette règle est toujours à travailler avec votre enfant. Vous pouvez parfois lui demander d'expliquer, dans les textes qu'il lit, pourquoi il est écrit *à* ou *a*.

Orthographier les verbes en *-eler, -eter* et *-oyer, -uyer*

Je retiens

À **toutes les personnes** du **futur**, ainsi qu'aux **trois personnes du singulier** et à la **3e personne du pluriel** du **présent**, ces verbes suivent une règle particulière.

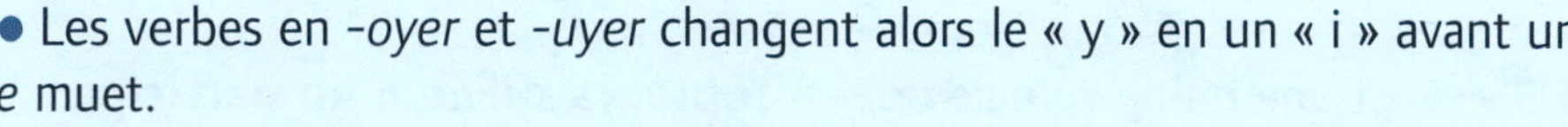

- Les verbes en *-oyer* et *-uyer* changent alors le « y » en un « i » avant un *e* muet.
  → futur : il aboiera ; nous essuierons ;
  → présent : j'envoie ; tu essuies, mais nous envoyons ; vous essuyez.
- Les verbes en *-eler* et *-eter* doublent alors le « l » ou le « t » avant un *e* muet.
  → futur : j'appellerai ; tu appelleras ; nous jetterons ; vous jetterez.
  → présent : j'appelle, mais nous appelons ; ils jettent, mais vous jetez.
- Attention ! Il y a des exceptions, comme les verbes acheter / crocheter / peler / geler/ modeler.

Mon perroquet **s'appelle** Criquet.

Et moi, je vais **appeler** mon chat Sacha !

Je m'entraîne

1 Relie chaque verbe conjugué à son infinitif.

Tu tutoies •	• tournoyer
Ils emploient •	• essuyer
Je nettoie •	• appuyer
Elle tournoie •	• employer
Nous appuyons •	• tutoyer
Elle essuie •	• nettoyer

2 Entoure les verbes qui sont conjugués au présent.

J'appelais – il appelle – il jeta – nous jetions
Ils tutoient – tu appelas – elles jettent – tu hoquetais – vous appelez – nous appelions – nous hoquetons – nous jetons

3 Relie chaque verbe à son sujet.

Je •	• appelleras
Les enfants •	• jetterons
Tu •	• pèlera
Lucas •	• étiquetteront
Vous •	• appellerez
Nous •	• gèlerai

J'approfondis

4 Complète le tableau au futur.

	Rejeter	Essuyer
Nous	....	....
Tu	....	....
Il	....	....
Vous	....	....

5 Accorde les verbes au futur.

a. Le magicien (ensorceler) .... un dragon.

b. Les sorcières (tournoyer) .... dans le ciel.

c. Tu (appuyer) .... sur le bouton.

d. Nous (vouvoyer) .... chaque enseignant.

6 Récris les phrases en mettant le sujet au singulier.

a. Nous nettoyons avec soin nos affaires.

....

b. Vous appelez vite les pompiers.

....

Infos parents

- Pour faire progresser votre enfant, choisissez l'un des verbes de la leçon et demandez-lui de l'écrire en entier au présent et au futur.

Distinguer *s'est, c'est, ces* et *ses*

Je retiens

Est-ce qu'avec les mots ***c'est, s'est, ses, ces,*** c'est comme on veut ?

- Le déterminant ***ses*** indique la possession (comme ***mes*** et ***tes***) :
  Éric et **ses** amis sont allés au cinéma.
- Le déterminant ***ces*** permet de « montrer du doigt » :
  Ces voitures roulent trop vite.
- ***S'est*** est une forme verbale qui est **toujours suivie d'un participe passé** et dont le sujet est à la 3e personne du singulier :
  Bruno **s'est couché** tard.
  sujet participe passé
- ***C'est*** sert à présenter une information :
  C'est mon frère. **C'est** gagné !

Je m'entraîne

1 Complète les phrases par *ces* ou *ses*.

a. Regarde .... grands oiseaux dans le ciel !

b. Laura va chercher .... frères à l'école.

c. Pierre compte .... disques : il en possède soixante-douze.

d. .... jours-ci, je tousse un peu.

2 Complète les phrases par *Ces* ou *C'est*.

a. .... déjà fini ?

b. .... maisons sont très belles.

c. .... une grande nouvelle.

d. .... encore loin, l'Amérique ?

e. .... danseurs-là ne sont pas très doués.

3 Récris ces phrases au pluriel.

a. Ce garçon est merveilleux.

– ....

b. Ce beau tableau date de 1599.

– ....

c. Sa fille part tous les jours à 16 h 30.

– ....

J'approfondis

4 Mets les phrases au singulier.

a. Ce sont mes amis.

– ....

b. Elles se sont lavées.

– ....

c. Les patineurs se sont blessés à la cheville.

– ....

d. Ce sont les plus belles fleurs du magasin.

– ....

5 Place une fois *ces*, *ses*, *c'est*, *s'est*.

a. Arnold .... lavé les mains.

b. .... le plus beau jour de ma vie !

c. .... personnes-là ne m'inspirent pas vraiment confiance.

d. Jeanne et .... cousins se sont inscrits à la bibliothèque du quartier.

6 Invente deux phrases, l'une avec *s'est*, l'autre avec *ses*.

....

....

....

Infos parents

Il est utile de savoir que lorsque ***c'est*** est suivi d'un participe passé, on peut remplacer ce participe passé par le mot ***vrai***, pour vérifier qu'il faut écrire ***c'est*** et non pas ***s'est*** (*C'est* ***gagné*** ! → *C'est* ***vrai*** !).

Savoir quand écrire *mes, mais* et *m'est*

Je retiens

Il **m'est** arrivé une chose étrange : **mes** socquettes...

Ont rétréci au lavage ? **Mais** elles te vont quand même bien.

- ***Mes*, déterminant possessif au pluriel**, est remplaçable par le déterminant ***nos*** :
  Où sont **mes** chaussure**s** ? → Où sont **nos** chaussure**s** ?
- ***M'est*** est une **forme verbale au présent**, qui est accompagnée d'un sujet à la 3ᵉ personne du singulier :
  Il **m'est** arrivé quelque chose.

  Astuce : on peut remplacer ***m'est*** par ***lui est*** :
  Il **m'est** difficile de chanter. → Il **lui est** difficile de chanter.
- ***Mais*** est une **conjonction de coordination**. On peut souvent la remplacer par ***et*** :
  Je l'aime bien, **mais** il m'embête ! → Je l'aime bien **et** il m'embête !

Je m'entraîne

1 Complète par *mes* ou *m'est*.

a. .... amis sont tous ici.

b. Je ne vois pas où sont .... affaires.

c. Cela .... agréable de vous voir.

d. .... voisins sont un peu bruyants.

e. Ce livre .... conseillé par mon enseignant.

f. .... parents sont fiers de moi.

2 Complète par *mais* ou *mes*.

a. .... où est rangé mon cartable ? Et où ai-je mis .... feutres ?

b. Il est très triste, ... il ne pleurera pas.

c. Tu cries, ... tu ne me fais pas peur !

d. Le lion et le ouistiti sont .... animaux préférés.

e. .... professeurs sont tous malades.

f. J'ai une montre, ... je ne sais pas lire l'heure.

J'approfondis

3 Remplace les mots entre parenthèses par *nos* ou *lui est*.

a. Cela (m'est) .... arrivé hier.

b. Cela (m'est) .... très désagréable de lui parler.

c. (Mes) .... chaussettes sont trop petites.

d. Nous allons chercher (mes) .... cousins à la gare.

4 Complète par *mais*, *mes* ou *m'est*.

a. J'aide .... parents à trier les déchets.

b. Il fait très chaud dehors, ... j'ai froid aux pieds.

c. ....-il permis de poser une question ?

d. .... affaires ne te regardent pas !

e. Un colis .... arrivé par erreur.

5 Sur une feuille à part, invente deux phrases avec *mais* et *mes*.

Retrouve-nous sur www.jecomprendstout.com, d'autres tests t'attendent !

Infos parents

Le test de remplacement d'un mot par un autre mot de même nature est souvent efficace pour faire la différence entre plusieurs homophones (par exemple, on peut remplacer ***mes*** par ***nos*** ou ***m'est*** par ***lui est***).

Distinguer *leur, leurs* et *sans, s'en*

Je retiens

Moi, obéir ? Elle **s'en** imagine des histoires !

- Si ***leur*** est placé **avant un verbe**, il ne prend jamais de « s ». Il s'agit alors d'un pronom personnel complément.
  → Je leur **parle** souvent.
  V
- Si ***leur(s)*** est placé avant un nom ou un adjectif, il fait partie d'un GN (groupe nominal). Il s'agit alors d'un déterminant possessif, qui s'accorde avec son nom.
  → Leu**r** enfan**t** est malade. / Leur**s** petit**s** enfant**s** sont malades.
- La tournure pronominale ***s'en*** est placée juste avant un verbe conjugué à la troisième personne du singulier ou du pluriel.
  → **Il** s'en **va** en chantant. **Ils** s'en **vont** en silence.
- La préposition ***sans*** n'est jamais placée avant un verbe conjugué.
  → Elle s'occupe **sans** faire de bruit.

Je m'entraîne

1 Complète les phrases par *leur* ou *leurs*.

a. Les élèves sortent .... cahier de textes.

b. Les skieurs chaussent .... skis.

c. Nous .... donnons à manger.

d. Est-ce que tu .... fais confiance ?

e. Je .... ai offert un joli bouquet.

2 Complète les phrases par *sans* ou *s'en*.

a. Il .... est rendu compte un peu tard.

b. Ta pizza, tu la veux avec ou .... champignons ?

c. Pascal m'a croisé .... me saluer.

d. Elle .... allèrent en sautant de joie.

e. Après tout, qu'il .... occupe lui-même !

3 Relie les phrases.

S'en •	• hésiter, je réponds oui !
Leurs •	• est-il aperçu ?
Sans •	• a-t-on dit la vérité ?
Leur •	• bottes sont toutes sales.

J'approfondis

4 Entoure la solution qui convient.

a. Les super-héros (sans – s'en) sortent toujours.
b. Je déteste les pantalons (sans – s'en) poches.
c. Paula et Jules ont changé (leur – leurs) oreillers.
d. Le bijoutier (leur – leurs) a offert un bracelet.
e. Enzo (sans – s'en) veut de s'être énervé.
f. (Leur – Leurs) chaussures de sport sont usées.

5 Place deux fois *sans*, *leur* et une fois *s'en*.

a. Les lionnes prennent soin de .... lionceaux.

b. Vanessa a résolu son problème .... difficulté.

c. .... fille est partie .... son goûter, mais elle .... est aperçue à temps.

d. Je .... ai demandé un service.

6 Invente une phrase avec *leur* et *leurs*.

....

....

Infos parents

• Les nouveaux programmes de l'école primaire précisent que la distinction entre « leur » et « leurs » est en cours d'acquisition en CM2 : elle sera consolidée lors de l'entrée au collège.

Distinguer *on, on n'* et *dont, donc*

Je retiens

On est en finale ! On est en finale !

Du calme, **donc** : **on n'**a pas encore gagné !

- ***On*** est un pronom personnel sujet : « On est en avance. »
- Il faut écrire ***on n'*** quand il y a les négations « pas / plus / rien / jamais… » : On **n'**est **pas** en avance. (« ne » devient « n' » avant une voyelle ou un *h* muet).
- On peut se fier au son pour distinguer le pronom relatif ***dont*** et la conjonction ***donc*** :

– le « t » de *dont* est muet ; on ne l'entend que pour la liaison avec une voyelle ou un *h* muet.

→ Le film don**t** **o**n vient de voir un extrait m'intéresse.

– le « c » de *donc* se prononce : « Donc, tu veux bien m'accompagner ? »

Je m'entraîne

1 Complète les phrases par *On* ou *On n'*.

a. .... veut tous aller au cinéma.

b. .... accepte de vous aider.

c. .... arrive jamais en retard.

d. .... est heureux de vous voir.

f. .... hésitera pas à te répondre.

2 Complète les phrases par *dont* ou *donc*.

a. Je respire, ... je suis vivant.

b. ...., tu me fais la tête.

c. Tu as trouvé 18 au problème ? ...., tu as bon !

d. J'ai bien aimé le livre .... tu m'as tant parlé.

e. Éric connaît bien sa leçon. ...., il devrait réussir le contrôle.

f. L'ami .... je te parle va déménager.

3 Explique comment tu as fait pour compléter la dernière phrase de l'exercice 1.

....

....

J'approfondis

4 Entoure la solution qui convient.

a. (On – On n') est allé visiter un musée.

b. Est-ce qu' (on – on n') a arrosé les plantes ?

c. (Dont – Donc), tu n'as pas fait tes devoirs ?

d. Cette actrice, (dont - donc) j'ai oublié le nom, est très belle.

e. (On – On n') a pas le droit de se battre.

f. Arnold s'est énervé pour rien, (dont – donc) ses parents l'ont grondé.

5 Place deux fois *on* et *on n'* et une fois *dont* et *donc*.

a. L'instrument .... je me sers pour faire un angle droit est l'équerre.

b. .... est pas obligé de se laver les dents, mais .... le recommande quand même.

c. Laura a progressé toute l'année, ... elle devrait passer en sixième.

d. .... est en finale et .... a pas perdu de match !

6 Invente une phrase avec *on* et *on n'* .

....

....

Infos parents

- « Donc » est une conjonction de coordination qui exprime une conséquence par rapport à un premier événement.
- Vous pouvez rappeler à votre enfant que le pronom « on », qui s'emploie surtout à l'oral, s'accorde à la troisième personne du singulier.

Distinguer *quel(s), quelle(s)* et *qu'elle(s)*

Je retiens

- Le déterminant ***quel*** est toujours placé devant un adjectif ou un nom et jamais devant un verbe. Il s'accorde **en genre et en nombre** avec le nom qu'il détermine :

  Quels beaux vêtements ! **Quelles** belles gazelles !
  (nom masc. pluriel ; nom fém. pluriel)

- La tournure ***qu'elle***, formée avec le pronom personnel ***elle***, est suivie d'un verbe à la 3e personne :

  Qu'elle était verte ma vallée. Je crois **qu'elles** vont s'en aller.
  (verbe (3e pers. du singulier) ; verbe (3e pers. du pluriel))

Je m'entraîne

1 Relie les mots qui s'accordent ensemble.

Qu'elle •	• mamie !
Quel •	• sont sérieuses !
Quelles •	• beautés !
Qu'elles •	• est énervante !
Quelle •	• joueur époustouflant !
Quels •	• merveilleux cadeaux !

2 Mets chaque GN au féminin pluriel.

a. Quel homme ! → ....

b. Quel gentil loup ! → ....

c. Quel beau héros ! → ....

d. Quel affreux géant ! → ....

e. Quel méchant prince ! → ....

3 Complète avec *quel(s)*, *quelle(s)* ou *qu'elle(s)*.

a. À .... piscine te rends-tu ?

b. Je fais tout pour .... m'aime !

c. .... essayent seulement de tricher et elles verront de .... bois je me chauffe !

d. Ah, là ! là !................ vie !

e. .... film préfères-tu ?

J'approfondis

4 Complète avec les déterminants *quel*, *quelle*, *quels* ou *quelles*.

a. .... belle surprise de vous voir !

b. J'ignore .... personnes seront présentes.

c. .... hommes admirables !

d. .... erreur de l'avoir invité !

e. Fred se demande .... cadeau on va lui faire.

5 Complète par *quelle* ou *qu'elle*.

a. Je pense .... est sortie.

b. À .... heure nous retrouvons-nous ?

c. J'ignore .... chanteuse gagnera le concours.

d. Vous voyez bien .... a appris sa leçon !

e. .... musique préférez-vous ?

6 Invente une phrase avec *qu'elle*.

....

....

Infos parents

Pour reconnaître un homophone, l'élève doit se demander dans quel groupe de mots on le rencontre. Ainsi, le déterminant ***quel*** fait partie d'un groupe nominal, tandis que la tournure ***qu'elle(s)*** sera suivie d'un verbe conjugué.

Connaître des féminins particuliers

Je retiens

Tu viens jouer avec moi au gendarme et au voleur ?

Et pourquoi pas à **la** gendarme et au voleur ?

- On ajoute souvent un ***-e*** pour obtenir le féminin d'un nom :
  un passant → une passant**e**.
- Cependant, il y a des cas particuliers où il faut **modifier la terminaison** du **masculin** :
  un lion → une lio**nne** ; un boulanger → une boulang**ère**.
- Il y a des noms féminins en ***-té*** ou ***-tié*** : la ci**té**, la moi**tié**.
  Souvent, ils désignent une **qualité** ou un **défaut** : la sévéri**té**.
  Exceptions : la dic**tée** et les mots indiquant une contenance (une assiet**tée**).
- Les autres noms qui se terminent par le son [*é*] s'écrivent ***-ée*** : une soir**ée.**
  Exception : une cl**é**.
- Parfois, le féminin est **sans lien orthographique** avec le masculin (un cheval → une jument), ou le masculin et le féminin sont **identiques** (un/une dentiste).

Je m'entraîne

1 Relie les mots à leur terminaison.

la rapidi... •
la pâ... •
la pelle... •
la pure... •
la cruau... •

• -té
• -tée

2 Écris le féminin des mots.

a. (Le frère) .... de Luc est sympathique.

b. J'ai reçu une visite de (mon oncle).......... .... la semaine dernière .

c. Je recherche de toute urgence (un architecte) ....

3 Mets au féminin les GN.

a. un cuisinier malicieux
→ ....

b. un espion démasqué
→ ....

c. un baron élégant
→ ....

d. un pâtissier étonnant
→ ....

J'approfondis

4 Trouve le nom en *-té* qui correspond à l'adjectif en gras.

a. Un homme **bon** fait preuve de ....

b. Une sorcière **méchante** montre de la ....

c. Une **belle** princesse est rayonnante de ....

d. Un acteur **célèbre** est connu en raison de sa ....

e. Un acrobate **agile** se déplace avec ....

5 Trouve l'équivalent féminin.

a. un coq → ....

b. un taureau → ....

c. un bouc → ....

d. un cerf → ....

6 Invente deux phrases avec les noms amitié et journée.

– ....

– ....

Infos parents

On peut facilement se tromper lorsqu'il s'agit d'écrire un nom qui se termine par le son [*té*].
Votre enfant pourrait constituer un répertoire en deux colonnes où il noterait les mots en *-té* ou *-tée* qu'il a rencontrés dans ses lectures.

Connaître des pluriels particuliers

Je retiens

J'ai mangé trois prun**eaux** avec des noy**aux** et j'ai bobo.

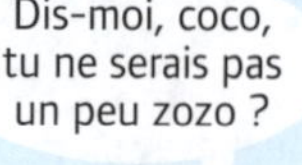

- En général, on ajoute un ***-s*** au pluriel des noms et adjectifs :
  un verrou → des verrou**s**. Cependant, il y a des exceptions.
- La plupart des noms en ***-eu***, ***-au***, ***-eau*** prennent un ***-x*** au pluriel :
  des jeu**x** ; des château**x** (exceptions : des pneu**s**, des landau**s**).
- La plupart des noms en ***-al*** ont un pluriel en ***-aux*** :
  un métal → des mét**aux** (exceptions : des bal**s**, des carnaval**s**, des régal**s**).
- Quelques noms en ***-ail*** ont un pluriel en ***-aux*** :
  un travail → des trav**aux**.
- Quelques noms en ***-ou*** prennent un ***-x*** au pluriel :
  chou, bijou, caillou, genou, joujou, hibou, pou.

Je m'entraîne

1 Barre l'intrus.

des voitures – des fenêtres – des pélicans – des années – des antennes – des anneaux – des filles – des amis – des marguerites

2 Relie les noms à leur dernière lettre au pluriel.

des bateau... •	
des livre... •	• -s
des cartable... •	
des gâteau... •	
des effaceur... •	• -x
des chapeau... •	

3 Écris le pluriel des noms en *-al*.

a. un journal → des ....

b. un animal → ....

c. un cheval → ....

d. un métal → ....

e. un carnaval → ....

f. un bocal → ....

g. un étal → ....

J'approfondis

4 Mets au singulier.

a. les tribunaux → ....

b. mes yeux → ....

c. des berceaux → ....

d. ses clous → ....

5 Mets au pluriel les mots entre parenthèses.

a. Le président a convoqué les (général) .... de l'armée de terre.

b. Le chef des (travail) .... et son équipe arrivent sur le chantier.

c. Ces hommes travaillent dans les (milieu) .... du cinéma et du théâtre.

6 Mets les phrases au pluriel.

a. Le corbeau est effrayé par l'épouvantail.

– ....

b. Le vitrail de cette église est étincelant.

– ....

c. Le vent soufflait dans le soupirail.

– ....

Retrouve-nous sur www.jecomprendstout.com, d'autres tests t'attendent !

Infos parents

Comme prolongement à ces activités, vous pouvez demander à votre enfant de chercher des noms de petits d'animaux qui finissent en *-eau* (*un louveteau*).

43 Vocabulaire

Se repérer dans un dictionnaire

Je retiens

À apprendre commence italien je l'

Il m'énerve quand il parle dans l'ordre du dictionnaire !

- Le dictionnaire range tous les mots d'une langue dans l'**ordre alphabétique**. En haut de chaque page, des mots repères indiquent le premier et le dernier mot définis dans ces pages.
- Un **article** de dictionnaire donne des informations sur un mot. En général, on trouve au moins trois informations.
  – La **nature du mot**, sous la forme d'une abréviation : adv. (adverbe).
  – La **définition du mot**.
  – Un **exemple**, inscrit en italique (lettres penchées).
- Quand un mot a plusieurs définitions, elles sont numérotées.

Je m'entraîne

Voici un extrait de dictionnaire.

Filiforme (adj.) : qui est mince comme un fil. *Ma femme est filiforme.*

Fille (n.f.) : enfant de sexe féminin. *Deux filles se disputent dans la cour.*

Filleul,-e (n.) : personne baptisée ayant un parrain et une marraine. *Clara est la filleule du meilleur ami de son père.*

Film (n.m.) : 1. Pellicule servant à enregistrer des images. *J'ai changé le film de mon appareil-photo.* 2. Œuvre cinématographique. Shrek *est mon film préféré.* 3. Fine bande de plastique transparente. *Les DVD sont recouverts d'un film pour éviter les vols.*

Filmer (v.) : enregistrer des images sur un film cinématographique. *Le voleur a été filmé par une caméra.*

1 Chaque mot de l'extrait de dictionnaire ci-dessus commence par les trois mêmes lettres : lesquelles ?

....

2 Quel adjectif et quel verbe sont définis dans l'extrait ?

– Adjectif : ....

– Verbe : ....

J'approfondis

3 Recopie l'abréviation du mot adjectif.

....

4 Mets les mots suivants dans l'ordre alphabétique.

fiancé – fidèle – février – ficelle – figue – fièvre

....

....

....

5 Entoure la lettre qui fait que le mot filmer se trouve après le mot fille.

(FILLE) FILMER

6 Que veulent dire les abréviations n.f. et v. qui accompagnent les mots fille et filmer ?

– n.f. : ....

– v. : ....

7 Dans cet extrait de dictionnaire, le mot filin a été oublié. Indique où il faut le placer.

a. avant « filiforme ».

b. entre « filiforme » et « fille ».

c. entre « filleul » et « film ».

Infos parents

Il est bon que votre enfant pense à recourir naturellement au dictionnaire. Pour cela, recommandez-lui de l'avoir tout près de lui lorsqu'il lit. Il pourrait par exemple vérifier le sens d'un mot toutes les deux ou trois pages lues.

Trouver le sens d'un mot

Je retiens

Je reviens du zoo où j'ai vu des **sapajous**.

- Il faut consulter le **dictionnaire** quand on ne comprend pas le sens d'un mot.
- Il faut alors veiller à ne pas confondre la **définition** avec l'**exemple**.
- Quand un mot a **plusieurs sens**, on choisit celui qui convient à la phrase dans laquelle il est employé :

  Zoé joue au **tennis**. → sport pratiqué avec une raquette.

  Zoé a de nouvelles **tennis**. → chaussures de sport.

Je m'entraîne

Exercices à faire avec l'extrait de dictionnaire de la leçon précédente.

1 **a. Recopie la phrase-exemple dans l'article fille.**

....

....

b. Recopie la définition du mot filleul.

....

....

2 **a. Combien le mot film a-t-il de sens différents ?**

....

b. Recopie la 2e définition du mot film.

....

3 **a. Recopie la définition qui correspond au sens de film dans la phrase :**
Le boucher a mis sous film des barquettes de côtes d'agneau.

....

b. Entoure le mot qui correspond à la définition :
Petite construction faite avec des matériaux simples.

un immeuble – une cabane – une maison

J'approfondis

4 **Jules César aurait pu dire : « Par Mars, je déclare la guerre ! » Quel est alors le sens de Mars dans la phrase ?**

(*Tu peux utiliser un dictionnaire.*)

a. Le troisième mois de l'année.

b. L'une des planètes du système solaire.

c. Le dieu de la guerre au temps des Romains.

5 **Trouve le nom féminin qui a les deux sens suivants.**

a. Partie des végétaux en forme de petite lame.

b. Morceau de papier de forme rectangulaire.

→ une ....

6 **Invente une phrase avec le sens a. du mot que tu viens de trouver dans l'exercice précédent.**

....

....

7 **Complète les deux phrases avec le même mot.**

a. Dans sa chambre, Julie a accroché une photo de vacances avec une ....

b. Mince, j'ai écrasé une .... et elle a dégagé une odeur nauséabonde.

Infos parents

Il est important que votre enfant prenne conscience que beaucoup de mots ont **plusieurs sens**. Comme prolongement à ces activités, vous pouvez lui demander de trouver cinq mots qui ont au moins deux sens différents et d'écrire ensuite une phrase avec chacun de ces sens.

Distinguer les préfixes et les suffixes

Je retiens

- Beaucoup de mots sont formés grâce à de petits éléments que l'on ajoute à un radical : **a** + **grand** + **ir** → a**grand**ir.
  préfixe radical suffixe
- Le **radical** est la partie qui **donne du sens** au mot. Le **préfixe** est l'élément qui se place **avant** le radical. Le **suffixe** est l'élément qui se place **après**.

Attention ! Certains mots n'ont ni préfixe, ni suffixe : neige, pluie. D'autres n'ont qu'un élément en plus du radical : chat/on (radical / suffixe), re/bord (préfixe / radical).

Je m'entraîne

1 Entoure le préfixe de chaque mot.

impossible – disparaître – incorrect – décourager – reproduction – prévisible – anormal – malheureusement – refaire

2 Le suffixe *-ette* signifie « petite ». Forme des noms en *-ette*.

Fille → fillette (petite fille).

a. petite flèche → ....

b. petite planche → ....

c. petite courge → ....

d. petite table → ....

e. petite voiture → ....

3 Le suffixe *-able* signifie « que l'on peut ». Forme des adjectifs en *-able*.

Faire → faisable (que l'on peut faire).

a. laver → ....

b. aborder → ....

c. habiter → ....

d. manier → ....

e. recycler → ....

J'approfondis

4 Trouve le mot juste correspondant à chaque définition, en utilisant un préfixe ou un suffixe.

Que l'on peut imiter → imitable.

a. que l'on peut **regarder** → ....

b. qui n'est pas **mortel** → ....

c. **partir** à nouveau → ....

d. qui n'est pas **visible** → ....

e. le contraire de **coller** → ....

f. que l'on peut **récupérer** → ....

5 Entoure le préfixe et souligne le suffixe.

déplacement – anormalité – dévisager – inattaquable – réformable – immodestement

6 Écris deux phrases avec deux mots ayant un suffixe en *-able* et en *-ette*.

– ....
....

– ....
....

Retrouve-nous sur www.jecomprendstout.com, d'autres tests t'attendent !

Infos parents

• L'enrichissement du lexique de votre enfant passe notamment par l'acquisition des procédés de formation des mots.
• Par ailleurs, il faut savoir que les terminaisons des verbes en *-ir* et *-er* à l'infinitif sont en fait des **suffixes**.

Reconnaître les mots de la même famille

Je retiens

- Les mots de la même **famille** sont des mots qui ont le **même radical**. Cela signifie qu'ils se ressemblent et qu'ils sont **reliés par leur sens**.
  Grandir – a**grand**ir – a**grand**issement – **grand**eur ont un sens commun : **grand**.
- Pour former des mots de la même famille, on ajoute des **préfixes** ou des **suffixes** au radical commun.

Attention ! Certains mots peuvent se ressembler mais ne pas être reliés par le sens. Ce ne sont pas alors des mots de la même famille : une table ≠ un portable.

Je m'entraîne

1 Écris le radical qui montre que les mots suivants sont de la même famille.

congélateur – geler – antigel – surgelé – gelée – gélatine – décongeler – dégel

→ Le radical est ....

2 Barre les mots qui n'appartiennent pas à la famille de courage.

courageux – courageusement – décourager – brave – encouragement – courant

3 Réunis en deux familles les mots suivants.

lavage – lavement – prélever – délavé – enlèvement – prélèvement – prélavage – lévitation – enlever – laver

1re famille	2e famille
....	....
....	....
....	....
....	....
....	....

J'approfondis

4 Trouve au moins six mots de la même famille que place.

....

....

....

5 Relie les mots qui sont de la même famille.

ventilateur •	• écoulement
collage •	• coloriage
couler •	• vantardise
coloris •	• éventail
vantard •	• régler
décolleté •	• décoller
réglage •	• col

6 Quel verbe et quel adjectif sont de la même famille que le nom penseur ?

– Verbe : ....

– Adjectif : ....

7 Quel verbe et quel adjectif sont de la même famille que le nom amusement ?

– Verbe : ....

– Adjectif : ....

Infos parents

• Votre enfant comprendra plus facilement les mots difficiles s'il sait les mettre en relation avec des mots ayant le même **radical** (*insecticide* et *insecte*).
• Pour prolonger cette leçon, vous pouvez lui demander de trouver quatre mots de la même famille que *calcul*.

Former un nom à partir d'un verbe ou d'un adjectif

Je retiens

Tu as vu comme je suis **musculeux** ? Je te sens **admirative**.

- On peut souvent transformer un verbe ou un adjectif pour trouver un nom de la même famille :
  rapide → rapid/ité ; **transformer** → transformation.
  adjectif nom verbe nom
- Cette transformation qui permet d'obtenir un nom s'appelle une **nominalisation**.
- Pour effectuer une nominalisation, on utilise des suffixes qui permettent de former des noms comme ***-ité***, ***-age***, ***-ation*** ou -***ement***.

Ça ne se dit pas ! J'aurai de l'**admiration** quand tu **muscleras** ton cerveau !

Je m'entraîne

1 À partir des verbes suivants, forme des noms féminins avec le suffixe *-ation*.

a. imaginer → ....

b. réparer → ....

c. présenter → ....

d. consommer → ....

2 À partir des adjectifs suivants, forme des noms féminins avec le suffixe *-ité*.

a. immense → ....

b. valide → ....

c. gratuit → ....

d. fragile → ....

e. musical → ....

3 À partir des mots suivants, forme des noms à l'aide des suffixes *-ation*, *-age* et *-eur*.

a. jardiner → le ....

b. arroser → l' ....

c. égaliser → l' ....

d. lent → la ....

e. colorier → le ....

f. marier → le ....

J'approfondis

4 Complète les phrases avec un nom en *-ement* à partir des verbes suivants.

entraîner – enregistrer – fonctionner

Comprendre le .... d'un magnétoscope n'est pas si facile. Lisez la notice avant d'effectuer un........................ . Avec un peu d' ...., vous manierez facilement la télécommande.

5 Complète les phrases avec le nom formé à partir du mot en gras.

a. Un homme **courageux** fait preuve de ....

b. Un canot qui sert à **sauver** est un canot de ....

c. Un héros qui est **immortel** a le don de l'............................ .

6 Transforme en titre de journal, sans verbe, les phrases suivantes.

L'artiste présente ses œuvres.
→ *Présentation des œuvres de l'artiste.*

a. Lorita **annule** son concert.
→ ....

b. Paris **ferme** ses musées.
→ ....

Infos parents

Comme prolongement à cette leçon, demandez à votre enfant de trouver des titres de films qui sont bâtis sans verbe conjugué (*La menace fantôme*).

Identifier et créer un champ lexical

Je retiens

Berceau, biberons, si tu savais ce qui se passe chez moi.

- Un **champ lexical** est un groupe de mots qui nous font penser à une même chose :

  hennir, sabot, selle, étriers, fer, crinière sont des mots qui nous font penser au **cheval**.

  → Ces mots appartiennent donc au champ lexical du **cheval**.
- Les mots d'un champ lexical n'ont en général pas le même radical : ils ne sont donc **pas obligatoirement de la même famille**.

Ah, un deuxième bébé est arrivé... Si on te compte... toi !

Je m'entraîne

1 Relie chaque mot à son champ lexical.

habit •	• rouler, rétroviseur, roues, pare-brise, essence, coffre.
maison •	• pantalon, chemise, pull, blouson, veste
voiture •	• toit, chambre, cuisine, lit, porte, cheminée, toilettes

2 Devine le champ lexical.

a. mars, septembre, avril, novembre, février

→ Champ lexical des ....

b. raquette, filet, jeu, set, match, égalité

→ Champ lexical du ....

c. bras, genoux, oreilles, buste, cuisse, pieds

→ Champ lexical du ....

d. soupe, riz, poulet, pomme, fromage, lait

→ Champ lexical de ....

3 Complète avec quatre mots le champ lexical du visage.

Yeux, ...

....

J'approfondis

4 Range les mots en deux colonnes.

montagne – océan – horaires – paye – fleurs – forêt – emploi – concentration – arbres – bureau – buisson – entreprise

Nature	Travail
....	....
....	....
....	....
....	....
....	....
....	....

5 Complète chaque champ lexical avec cinq mots.

a. football : ....

....

b. école : ....

....

6 Devine le champ lexical.

a. écran, popcorn, séance, fauteuil, guichet, obscurité, salle, film

→ Champ lexical : ....

b. ausculter, ordonnance, rendez-vous, faire « Ah »

→ Champ lexical : ....

Infos parents

Constituer un champ lexical permet d'enrichir son vocabulaire et peut prendre la forme d'un jeu qui laisse la subjectivité de chacun s'exprimer. Demandez, par exemple, à votre enfant d'écrire sept mots auxquels il pense quand on lui dit « vacances ». Faites de même puis comparez vos réponses.

49 Vocabulaire

Différencier le sens propre et le sens figuré

Je retiens

J'ai le cœur
qui brûle de...
Je m'enflamme :
je t'...

Souvent, un même mot peut avoir deux sens très différents.

- Le **sens propre** d'un mot, c'est son sens habituel, donné en premier dans le dictionnaire.
  Le lion **dévore** une gazelle.
  → Ici dévore signifie manger en déchirant avec ses crocs, c'est le sens propre de dévorer.
- Le **sens figuré** d'un mot est l'image créée par ce mot.
  Laurent **dévore** ses BD.
  → Ici dévore signifie lire rapidement, avec envie.

Je m'entraîne

1 Coche la bonne case.

	Sens propre	Sens figuré
Au feu, je tourne à gauche.		
Laura a cassé un vase.		
Tout ce bruit, ça me casse les pieds.		
Un bouchon s'est créé sur l'autoroute.		
Le bouchon de cette bouteille est abîmé.		

2 Indique si chaque mot en gras est au sens propre ou au sens figuré.

a. J'entends les battements de mon **cœur.**

→ sens ....

b. Quelle générosité ! Frank et sa femme ont le **cœur** sur la main.

→ sens ....

c. Julie joue au tennis de la **main** gauche.

→ sens ....

d. Enzo a demandé la **main** de Clarisse.

→ sens ....

J'approfondis

3 Relie chaque mot à son sens figuré.
(Tu peux utiliser un dictionnaire.)

	• une personne que l'on trompe facilement
un renard •	• une personne sans pitié en affaires
un âne •	• un homme qui se croit séduisant
un pigeon •	• une personne rusée
un requin •	• un idiot
un ours •	• un homme qui recherche la solitude
un petit coq •	

4 Emploi chaque mot dans deux phrases, au sens propre puis au sens figuré.

a. Âne → sens propre : ....

....

→ sens figuré : ....

....

b. Renard → sens propre : ....

....

→ sens figuré : ....

....

Retrouve-nous sur www.jecomprendstout.com, d'autres tests t'attendent !

Infos parents

- Ces activités peuvent être menées avec un dictionnaire.
- Il existe beaucoup d'expressions utilisant les parties du corps. Amusez-vous à les trouver (*avoir l'estomac dans les talons*).

Différencier les synonymes et les antonymes

Je retiens

Trop heureux ! Je **reçois** des **amis** ce soir.

- Les **synonymes** sont des mots qui ont le même sens, ou presque : beau et joli.
- Parfois, deux mots peuvent être synonymes mais ne pas appartenir au même **niveau de langage** : amusant (langage courant) et rigolo (langage familier).
- Les **antonymes** sont des mots de sens contraire : beau et laid.
  Certains antonymes sont formés avec des préfixes (***dé-, in-, im-, mal-...***) :
  faire / **dé**faire ; possible / **im**possible ; heureux / **mal**heureux.

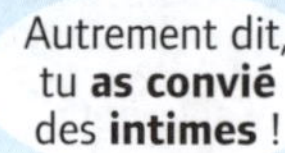

Je m'entraîne

① Relie chaque mot à son synonyme.

charmant •	• penser
observer •	• agréable
réfléchir •	• saisir
voiture •	• automobile
attraper •	• regarder

② Regroupe par deux les mots suivants.

marchand – richesse – commerçant – bavarder – pauvreté – discuter

a. .... et .... sont des synonymes.

b. .... et .... sont des antonymes.

c. .... et .... sont des synonymes.

③ Trouve les antonymes à l'aide des préfixes *in-*, *dé-* ou *mal-*.

a. connu : ....

b. adroit : ....

c. capable ....

d. honnête : ....

e. bloquer : ....

f. habité : ....

g. obéir : ....

J'approfondis

④ Relie chaque mot à son antonyme.

ajouter •	• interdire
accepter •	• maladroit
récompense •	• extraordinaire
habile •	• enlever
autoriser •	• obscur
lumineux •	• punition
banal •	• refuser

⑤ Trouve les antonymes.

lisible :	ouvrir : ....
léger :	lenteur : ....
payant :	accélérer : ....
peureux :	avare : ....

⑥ Les mots en gras appartiennent au langage familier. Écris leur synonyme dans le langage courant.

a. Ma voisine n'arrête pas de **rigoler.**

→ ....

b. Allez, on doit **se grouiller !**

→ ....

c. Ce **bouquin** n'est pas si cher.

→ ....

d. Regarde ma nouvelle **bagnole !**

→ ....

Infos parents

Que l'on manie des antonymes ou des synonymes, il faut veiller à choisir le **bon mot** en fonction de la situation : *serrer la paluche* de quelqu'un, c'est moins élégant que de lui *serrer la main* !

51 Vocabulaire

Distinguer quelques homophones

Je retiens

Sur les routes, le gendarme distribue des **amendes**.

- Des homophones sont des mots qui ont le **même son** quand on les prononce, mais **pas le même sens** :
  un bol de lait ; un homme laid.
- Le plus souvent, les homophones n'ont **pas la même orthographe** :
  cor et corps.
- C'est grâce au sens du mot dans la phrase, et grâce au dictionnaire, qu'on peut choisir le bon mot.

Chouette, alors : je raffole des **amandes** !

Je m'entraîne

1 Relie les mots qui sont des homophones.

cerf •	• quand
dent •	• poêle
Caen •	• compte
poil •	• serre
comte •	• dans

2 Complète les phrases en choisissant le bon homophone.

a. Pierre fait chauffer du .... (lait – laid) pour son petit déjeuner.

b. Le soleil peut abîmer la .... (pot – peau).

c. Quand Louis XIV régnait, il y avait des ducs, des marquis et des .... (comtes – contes).

d. Je suis des cours de .... (chant – champ) au conservatoire.

e. Le rossignol se nourrit de .... (vers – verres) de terre.

3 Complète chaque phrase avec mettre, maître, mètres.

a. Tarzan est le .... de la jungle.

b. Il a combattu un crocodile long de huit ....

c. Il a pu le .... KO en moins de deux minutes.

J'approfondis

4 Reconstitue les expressions en les reliant.

le cou •	• de fées
le coût •	• de la baguette
le coup •	• de Monte-Cristo
le compte •	• de la girafe
le conte •	• de poing
le comte •	• en banque

5 Place au bon endroit les mots suivants.

dense – danse – panse – pense

a. Quand je .... à toi, je vais mieux.

b. La .... de ce cheval est enflée.

c. Je pratique la .... classique.

d. Ton exposé sur le caïman était ....

6 Trouve le nom de l'animal qui est un homophone du nom en gras.

a. Notre président accueille la **reine** d'Angleterre.

→ un ....

b. Luca Tomi **signe** un contrat pour une publicité.

→ un ....

c. Je n'arrive pas à passer mon fil dans le **chas** de cette aiguille.

→ un ....

Infos parents

Parfois, les homophones sont appelés **homonymes**, Cependant, le terme **homophone** est plus clair, car il insiste sur le point qui unit ces mots : **le son** (du grec *phonos*).

Connaître des mots composés

Je retiens

Quel plaisir de manger une **barbe à papa**, mais quel nom étrange !

- Un mot composé est formé de plusieurs mots. Il figure tel quel dans le dictionnaire.
- On trouve surtout des **noms** composés (pomme de terre), mais il y a aussi des **adjectifs** (aigre-doux) ou des **verbes** (s'entre-regarder).
- Les éléments qui composent les mots composés sont souvent séparés par un **trait d'union** : gréco-latin (adjectif), sapeur-pompier (nom).

Attention ! Dans une phrase, il ne faut pas confondre un mot composé avec un groupe de mots : rouge-gorge (nom composé) ≠ Il a la gorge rouge (groupe de mots).

Je m'entraîne

1 Barre les mots qui ne sont pas des mots composés.

château – basse-cour – haut-parleur – arc-en-ciel – marchandise – ouvre-boîte – rebord – stylo-feutre – anglo-américain – anticonstitutionnellement

2 Reconstitue les mots composés en les reliant.

plate •	• -lit
cache •	• -passer
grand •	• -forme
Pays •	• -glace
laissez •	• -père
essuie •	• -Bas
couvre •	• -poussière

3 Dans chaque série, trouve le mot qui manque pour former un nom composé.

a. ....-jour ; ....-la-montre ; ....-attaque ; ....-espionnage.

b. ....-noisette ; ....-croûte ; ....-tête ; ....-cou.

c. ....-prise ; ....-col ; ....-cache ; ....-cœur.

J'approfondis

4 Relie pour former des noms composés.

	• -savon
porte •	• -tours
	• -rendu
	• -bonheur
compte •	• -monnaie
	• -gouttes

5 Complète les noms composés.

a. Je dois coller un timbre-.................. sur mon enveloppe.

b. Leonard de Vinci a peint des chefs-d'.................. .

c. Yvan cherche un tire-.................. pour ouvrir sa bouteille de vin.

d. Mets ton ....-nez , tu vas prendre froid !

6 Indique pour chaque mot s'il s'agit d'un adjectif (adj.), d'un nom (n.) ou d'un verbe (v.).

a. Ornella a les cheveux **châtain clair** (........).

b. L'équipe adverse a **contre-attaqué** (........).

c. Marina a un pull **bleu foncé** (........).

d. As-tu pris un **petit déjeuner** (........) ?

Infos parents

• Comme prolongement à cette leçon, vous pouvez demander à votre enfant de trouver deux autres noms composés qui commencent par *porte*.

Former des adverbes

Je retiens

Bizarrement, j'ai oublié que nous avions rendez-vous ! Désolé !

- Les adverbes sont des mots **invariables**.
- La plupart des adverbes en *-ment* se forment à partir des adjectifs au féminin : silencieu**x** → silencieu**se** → silencieuse**ment**.
  adj. masculin — adj. féminin — adverbe

  Exception : gentil (gentille) → gentiment.

Attention ! Les adjectifs en *-ent* / *-ant* donnent des adverbes en *-emment* / *-amment* : prudent → prudemment ; méchant → méchamment. (Exception : lent → lentement !)

Étrange**ment**, je pensais avoir rendez-vous avec quelqu'un d'autre.

Je m'entraîne

1 Souligne les adverbes dans le texte.

Cet homme est extrêmement courageux. C'est sûrement grâce à lui, ainsi qu'à son chien, que les villageois ont vaillamment combattu contre leurs voisins.

2 Mets l'adjectif au féminin puis forme l'adverbe en *–ment*.

Adjectif masculin	Adjectif féminin	Adverbe
froid	....	....
chaud	....	....
grand	....	....
dur	....	....
faux	....	....

3 Complète en formant l'adverbe attendu.

a. Pourrais-tu parler normal.......... ?

b. Habille-toi un peu plus correct.......... !

c. Pourquoi as-tu réagi si furieu.......... ?

d. Faut-il obligatoir.......... t'écouter ?

J'approfondis

4 Remplace par un adverbe chaque expression en gras.

a. parler **d'une façon étrange**
→ parler ....

b. réagir **d'une manière vive**
→ réagir ....

c. se parfumer **d'une façon délicate**
→ se parfumer ....

d. écrire **d'une façon remarquable**
→ écrire ....

e. se vêtir **d'une façon admirable**
→ se vêtir ....

5 Trouve l'adverbe qui correspond aux adjectifs.

a. étonnant → ....

b. bref → ....

c. intelligent → ....

6 Barre les noms.

logement – chaudement – apparemment – appartement – étonnamment – mollement

Retrouve-nous sur www.jecomprendstout.com, d'autres tests t'attendent !

Infos parents

Les adverbes en ***-ment*** sont des mots de la même famille que les adjectifs dont ils sont dérivés. Mais il faut se rappeler que, contrairement aux adjectifs, les adverbes sont **invariables**.

Maîtriser les trois niveaux de langue

Je retiens

T'as l'heure, s'te plaît ?

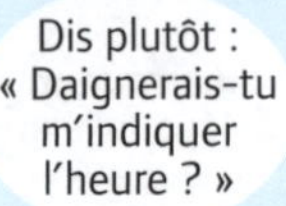

On choisit un **niveau de langue** en fonction de la situation où l'on se trouve.

- Le **langage courant** est utilisé pour parler correctement, avec des mots simples :
  Est-ce que tu n'as pas changé de lunettes ?
- Le **langage familier** est surtout utilisé à l'oral (à la récréation par exemple). Il ne respecte pas toutes les règles et emploie un vocabulaire peu joli :
  T'as pas changé de binocles ?
- Le **langage soutenu** est davantage utilisé à l'écrit. Il utilise des tournures et un vocabulaire recherchés :
  N'aurais-tu pas changé de lunettes ?

Je m'entraîne

1 Relie chaque mot familier à son équivalent dans le langage courant.

bagnole •	• se dépêcher
chialer •	• laid
moche •	• sale
speeder •	• policier
clébard •	• voiture
flic •	• pleurer
flemmard •	• paresseux
crado •	• chien

2 Devine le niveau de langue de chaque phrase.

a. C'est pas fini, ce boucan ?

→ langage ....

b. Charles-Henri, daigneriez-vous m'accompagner au cinématographe ?

→ langage ....

c. Tu t'es vu quand tu piques ta crise ?

→ langage ....

d. Le chien est le meilleur ami de l'homme.

→ langage ....

e. Julien a fêté ses onze ans.

→ langage ....

J'approfondis

3 Relie chaque mot courant à son équivalent dans le langage soutenu.

(*Tu peux utiliser un dictionnaire.*)

manger •	• trépasser (v.)
peureux •	• courroux (n.m.)
se disputer •	• se sustenter (v.)
mourir •	• incarcérer (v.)
colère •	• se quereller (v.)
emprisonner •	• pleutre (n.m. et adj.)

4 Récris la phrase pour la rendre correcte dans le langage courant.

a. Est-ce que tu aurais des godasses à me passer ?

– ....

b. Il a pas dormi de la nuit.

– ....

c. Faut que je parte, il est tard.

– ....

d. Mon frère ne pige vraiment rien.

– ....

e. Y'a qu'à travailler pour progresser.

– ....

Infos parents

- La maîtrise des niveaux de langue est l'un des objectifs majeurs au collège.
- Votre enfant doit savoir adapter son langage selon les situations. En effet, on peut parler n'importe comment, mais pas avec n'importe qui, ni n'importe quand !

Connaître des racines grecques et latines

Je retiens

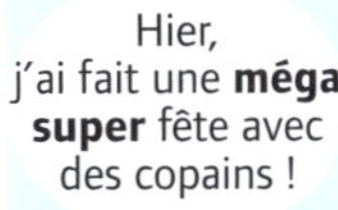

- La plupart des mots français sont hérités du **latin** :
  ursus → ours.
- D'autres mots français proviennent du **grec ancien** :
  olumpikos → olympique.
- Plusieurs éléments grecs ou latins permettent de former des mots en français.

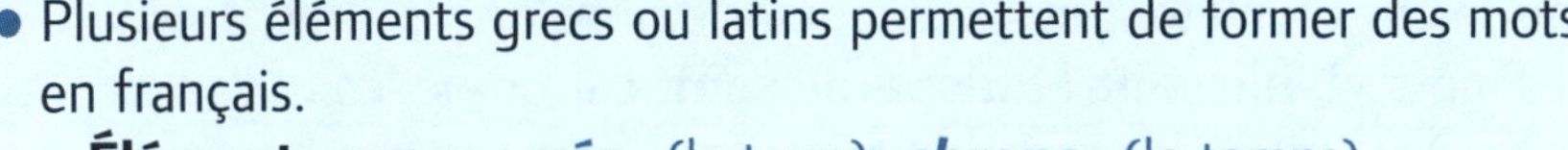

  – **Éléments grecs** : ***géo-*** (la terre), ***chrono-*** (le temps), ***poly-*** (plusieurs), ***-mètre*** (qui mesure)...
  – **Éléments latins** : ***aqua-*** (l'eau), ***-vore*** (qui mange), ***-cide*** (qui tue), ***omni-*** (tout), ***somn-*** (le sommeil)...

Je m'entraîne

1 Relie à leur définition les mots construits avec la racine grecque *poly*.

polycopié •	• qui croit en plusieurs dieux
polygone •	• photocopié plusieurs fois
polythéiste •	• qui comporte plusieurs voix
polyphonique •	• figure qui comporte plusieurs angles

2 Trouve deux mots français construits avec la racine grecque *géo-*.

....

3 Fais le même travail avec la racine grecque *chrono-*.

....

4 Trouve les mots correspondant à la définition et comportant la racine latine *-vore*.

a. Animal qui mange de la viande.

→ un ....

b. Animal qui mange des végétaux.

→ un ....

J'approfondis

5 Trouve les noms qui comportent la racine latine *somn-* (sommeil).

a. Personne qui marche en dormant.

→ un ....

b. Médicament pour dormir.

→ un ....

6 Complète avec un mot qui comporte les racines *aqua-* ou *-cide*.

a. J'ai acheté un produit qui tue les insectes, c'est un ....

b. Les poissons vivent dans l'eau, ce sont des animaux ....

c. Le grand récipient dans lequel vivent mes poissons rouges est un ....

7 Trouve les noms construits avec la racine grecque *-mètre*.

a. Un appareil qui mesure la température est un ....

b. Un instrument qui mesure le temps écoulé est un ....

c. Avec la formule 2 × (l + L), on trouve la mesure du tour du rectangle. C'est son ....

Infos parents

Cette leçon sur l'origine de la langue française sera approfondie dès la 6e. Elle peut donner envie à votre enfant d'étudier les langues anciennes comme le **latin** et le **grec**, qui sont utiles pour s'enrichir aux niveaux culturel et lexical notamment.

Savoir que les mots voyagent et ont une histoire

Je retiens

Tchao ! Pour voyager **incognito**, je porte des lunettes de **star**.

- La langue française s'est enrichie en empruntant à d'autres langues des **mots étrangers** :
pizza est un mot italien, tee-shirt est un mot anglo-américain.
- Une langue est vivante, c'est pourquoi des **mots nouveaux** apparaissent : les noms micro-ordinateur et biocarburant datent de 1974 et 1977.
- D'autres mots **vieillissent** et **disparaissent**, car on ne les utilise plus. Au Moyen Âge, le métier de boucher se disait macecrier et une quicaudaine était une fontaine pour se laver les mains.

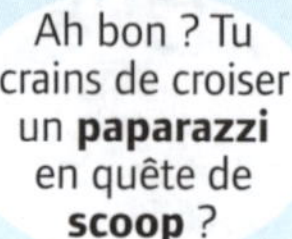

Je m'entraîne

1 Relie chaque mot d'origine anglaise à son sens.

un match •	• un gardien de but
un poster •	• une boîte de nuit
un night-club •	• un entraîneur
un goal •	• une partie
un coach •	• une vedette
une star •	• une affiche

2 Entoure les mots qui n'existaient pas il y a deux cents ans.

Internet – fleur – parfum – fax – théâtre – téléphone portable – poésie – e-mail – magnétoscope – guitare – fauteuil

3 Complète les mots d'origine étrangère.

a. Restaurant qui sert des pizzas.

→ une p.........................

b. Plat espagnol à base de riz et de moules.

→ une p.........................

c. Plat d'origine nord-africaine, à base de semoule.

→ un c.........................

d. Pâtes fines et longues.

→ des s.........................

J'approfondis

4 Indique, pour chaque mot, le domaine auquel il appartient.

sport – nourriture – habit

a. un tiramisu → ....

b. un penalty → ....

c. un smoking → ....

d. un anorak → ....

e. un cappuccino → ....

f. un corner → ....

5 Relie les noms à leur langue d'origine, le japonais ou l'italien.

(Tu peux utiliser un dictionnaire.)

karaté •	
graffiti •	
paparazzi •	• japonais
ravioli •	• italien
judo •	
samouraï •	

6 Trouve les mots d'origine anglaise équivalents aux mots en gras.

a. Toutes les places sont toujours occupées dans ce **parc de stationnement** (p.........................).

b. Au supermarché ce matin, il n'y a plus un seul **chariot** (c.........................) de libre.

Infos parents

Pour prolonger cette leçon, demandez par exemple à votre enfant de trouver dix autres mots d'origine étrangère liés au sport, ou à un autre domaine qui l'intéresse. Il peut ensuite écrire une phrase pour expliquer leur sens.

Bilans

Ces bilans vous proposent une banque d'exercices. Lorsque vous jugez le moment opportun, proposez un bilan à votre enfant. Choisissez deux ou trois exercices dans chaque domaine, en cochant la case ☐. Ainsi, vous constituerez le bilan de votre enfant, en phase avec son rythme d'apprentissage.

Grammaire

Reconnaître la classe des mots variables (leçons 1, 2, 11)

1 ☐ Encadre les verbes conjugués et indique si les mots en gras sont des noms ou des adverbes.

a. La **nature** est en danger. → ....

b. Nous devons **vraiment** protéger la **planète.**

→ ....

c. Es-tu prêt dès **aujourd'hui** à sauver la Terre ? → ....

Quelle est la nature du déterminant présent dans les phrases a., b., c. ?

....

1 point par réponse. **... / 5**

Comprendre la relation sujet-verbe (leçon 3)

2 ☐ Entoure les verbes, souligne les sujets puis récris la dernière phrase au pluriel.

a. Cet animal protège ses petits.

b. La buse repère et fonce sur ses proies.

c. Au fond des bois hurle le loup.

– ....

0,5 point par réponse et 1,5 point pour la réponse écrite. **... / 5**

Identifier des compléments d'objet et des compléments circonstanciels (leçons 4, 5)

3 ☐ Indique si le complément en gras est un COD, un COI, un CCL ou un CCT.

a. Au printemps, les élèves pensent déjà aux grandes vacances. → ....

b. Le soir, Julie apprend vite **ses leçons de grammaire**. → ....

c. Pourquoi n'y a-t-il plus de glaçons **dans le réfrigérateur** ? → ....

d. Le maître demande **à ses élèves** de se lever.

→ ....

e. Au petit matin, on entendit **un vrombissement effrayant**. → ....

1 point par réponse. **... / 5**

Savoir ponctuer et reconnaître le type d'une phrase (leçons 6, 7)

4 ☐ Ajoute les virgules manquantes puis écris quel est le type de phrase.

a. Demain quel jour serons-nous ?

– phrase ....

b. Tu m'énerves à la fin !

– phrase ....

Infos parents

Attention, votre enfant doit avoir suffisamment avancé dans l'année pour être en mesure de faire un bilan. Les vacances de la Toussaint sont le bon moment pour une première évaluation. Proposez-lui une deuxième évaluation lors des vacances de Noël, puis une troisième en février ou à Pâques. Ne lui donnez pas trop d'exercices d'un seul coup ! Ça risquerait de le décourager...

c. Victor tu vas être en retard !

– phrase ....

d. De temps en temps je m'ennuie un peu.

– phrase ....

e. Apportez-moi un café s'il vous plaît.

– phrase ....

0,5 point par réponse. **... / 5**

Trouver un pronom démonstratif et distinguer les phrases simples et complexes (leçons 8, 10)

5 ☐ Entoure les pronoms démonstratifs et complète le tableau.

a. Celle-ci, je l'écoute tous les jours !

b. C'est-sûr, tu ne m'écoutes pas.

c. Cet oiseau s'endort, celui-ci s'éveille.

d. N'oublie pas ça, tu en auras besoin.

e. Rends-moi cela au retour des vacances.

Phrases simples	Phrases complexes
....	....

0,5 point par réponse. **... / 5**

Distinguer des déterminants et des pronoms personnels compléments (leçons 9, 11)

6 ☐ Entoure les déterminants démonstratifs et souligne les pronoms personnels compléments.

a. Ce chat, je le trouve très mignon.

b. Un de ces jours, je le promets, je ferai la cuisine.

c. Ce film, je l'ai déjà vu.

d. Igor les admire, ces skieurs qui vont si vite.

e. Emma voudrait la porter, cette belle robe en vitrine.

0,5 point par réponse. **... / 5**

Identifier les expansions du nom et les adjectifs attributs (leçons 12, 13, 14)

7 ☐ Indique si les mots en gras sont des CdN, des adjectifs épithètes ou des adjectifs attributs.

a. La petite fille **de la maîtresse**, qui est encore enceinte, a 2 ans. → ....

b. Dans les contes qu'on me lit, les marâtres sont **méchantes.** → ....

c. Une moto **noire** a heurté un pylone ce matin. → ....

Souligne les propositions subordonnées relatives dans les phrases précédentes.

1 point par réponse. **... / 5**

Conjugaison

Connaître les groupes et savoir conjuguer au présent (leçon 15, 16, 17)

1 ☐ Accorde les verbes au présent et indique leur groupe.

a. Nous (devoir) .... partir dans cinq minutes. (→ .... groupe)

b. Jérôme (aimer) .... jouer aux échecs. (→ .... groupe)

c. Des marguerites (fleurir) .... au fond du jardin. (→ .... groupe)

Retrouve-nous sur www.jecomprendstout.com, d'autres tests t'attendent !

d. Comment (aller) ....-tu ? (→ .... groupe)

e. Les éclairs au chocolat de la cantine (être) .... délicieux. (→ .... groupe)

0,5 point par réponse. **... / 5**

Conjuguer au passé composé (leçons 18, 19)

2 ☐ **Transforme au passé composé le verbe en gras.**

a. Il **fait** chaud aujourd'hui. → ....

b. Tu **parles** un peu trop fort. → ....

c. Nous **prenons** le bus à 7 h. → ....

d. Un renard **vole** au secours d'une poule. → ....

e. Est-ce Julie qui **crie** ? → ....

1 point par réponse. **... / 5**

Conjuguer au passé simple et reconnaître un emploi de l'imparfait (leçons 20, 23, 24, 25)

3 ☐ **Conjugue au passé simple et souligne les verbes qui sont à l'imparfait de durée.**

Jonathan parlait avec ses amis. Samantha, qui avait les yeux verts, le (frôler) .... Elle marchait. Il (voir) .... qu'elle avait fait tomber son mouchoir. Il le ramassa et (courir) .... le lui rendre.

1 point par réponse. **... / 5**

Conjuguer au plus-que-parfait (leçon 21)

4 ☐ **Accorde les verbes au plus-que-parfait.**

a. Ils (mentir) .... à leur ami.

b. Une tempête (éclater) .... mais Claire (trouver) .... un abri.

c. Elles (aller) .... au cinéma et .... (voir) un bon film.

1 point par réponse. **... / 5**

Conjuguer au futur (leçon 26)

5 ☐ **Accorde les verbes au futur simple.**

a. Au feu, tu (tourner) .... à gauche.

b. Nous (aller) .... où vous voudrez.

c. Léa (faire) .... bientôt ses devoirs.

d. Vous (obéir) .... à vos aînés.

e. Léa et Zoé (avoir) .... bientôt 11 ans.

1 point par réponse. **... / 5**

Conjuguer au futur antérieur et trouver un participe présent (leçons 22, 27)

6 ☐ **Accorde les verbes au futur antérieur et indique leur participe présent.**

a. Elle (fermer) .... la fenêtre.

– Participe présent : ....

b. Tu (acheter) .... du pain.

– Participe présent : ....

c. Nous (prendre) .... le train.

– Participe présent : ....

d. Marc (aller) .... se coucher.

– Participe présent : ....

e. Vous (être) .... très sérieux.

– Participe présent : ....

0,5 point par réponse. **... / 5**

Bilans

Conjuguer au conditionnel et à l'imparfait (leçons 20, 28)

7 ☐ **Dans chaque phrase, mets le 1er verbe à l'imparfait et les autres au présent du conditionnel.**

a. Si tu (travailler) .... davantage, tu (avoir) .... de meilleurs résultats.

b. Si les extraterrestres (venir) .... sur Terre, ils (trouver) .... notre planète trop polluée et ils (être) .... effrayés.

1 point par réponse. **... / 5**

Orthographe

Savoir accorder un sujet et un verbe (leçons 29, 30, 31)

1 ☐ **Récris la phrase en mettant le sujet au pluriel.**

a. Un singe énorme a attaqué deux girafes.
– ....

b. Cette petite fourmi fait de grands travaux.
– ....

c. Un aigle noir survole les montagnes.
– ....

d. La belle voiture de mes voisins est en panne.
– ....

e. Cette robe rouge coûte 75 euros.
– ....

0,5 point par verbe et par GN sujet au pluriel. **... / 5**

Accorder un participe passé (leçons 31, 32)

2 ☐ **Complète les participes passés.**

a. Aurélie et Éva ont pass.... leur permis de conduire. Puis elles sont part.... ensemble en vacances : elles ont visit.... le Mexique.

b. Les parents de Paul sont ven.... l'encourager. Ils ont assist.... à son match de rugby.

1 point par réponse. **... / 5**

Savoir quand écrire *-er*, *-é* et *à*, *a* (leçons 33, 34)

3 ☐ **Complète les mots et les phrases par *-er*, *-é*, *à* ou *a*.**

a. Julie .... dans.... toute la nuit et elle .... mal .... la cheville.

b. John aime mang.... .... la cantine car il y .... souvent des haricots verts.

c. La maîtresse, ... la fin de la journée, ... très envie de corrig.... les cahiers des élèves.

0,5 point par réponse. **... / 5**

Orthographier les verbes en *-eler*, *-eter* et *-oyer*, *-uyer* (leçon 35)

4 ☐ **Accorde les verbes au présent.**

a. Je (nettoyer) .... les carreaux et toi, tu (essuyer) .... la vaisselle.

b. Olivia (appeler) .... souvent sa meilleure amie.

c. Ils (jeter) .... à la poubelle leurs vieux journaux.

d. N'approche pas de ces chiens qui (aboyer) ....

0,5 point par réponse. **... / 5**

Distinguer *s'est*, *c'est*, *ses*, *ces* et former des pluriels particuliers (leçons 36, 42)

5 ☐ **Entoure la bonne réponse.**

a. Jérôme (c'est – s'est) acheté un nouveau chandail.

b. (C'est – Ses) une souris qui a fait peur à un <u>lionceau</u> !

c. Miguel et (ces – ses) sœurs sont allés au restaurant.

Écris le pluriel des mots soulignés.

....

1 point par réponse. **... / 5**

Différencier *mes, mais, m'est* et *qu'elle, quelle, quel* (leçons 37, 40)

6 ☐ **Entoure la bonne réponse.**

a. Je crois que Susana est triste et (qu'elle – quelle) a pleuré, (mais – m'est) ses amies vont la consoler.

b. (Quel – Quelle) nouvelle ! Vincent a fait ses devoirs !

c. Il (m'est – mes) interdit de me coucher tard.

d. (Mais – Mes) carottes sont cuites.

1 point par réponse. **... / 5**

Distinguer des homophones (leçons 38, 39)

7 ☐ **Entoure la bonne réponse.**

a. (On – On n') a pas éteint la lumière.

b. Je (leur – leurs) ai demandé de partir (s'en – sans) faire de bruit.

c. (On – On n') embrassera grand-mère pour toi.

d. Lucie et François sont fiers de (leur – leurs) parents.

1 point par réponse. **... / 5**

Connaître des féminins particuliers (leçon 41)

8 ☐ **Relie chaque nom à sa terminaison.**

la fragilit... •	• -ère
la bar... •	• -é
l'épici... •	• -ée
l'égalit... •	• -onne
la poign... •	

1 point par réponse. **... / 5**

Vocabulaire

Maîtriser l'ordre alphabétique et trouver le sens d'un mot (leçons 43, 44)

1 ☐ **Mets les mots dans l'ordre.**

poche – pion – piocher – pionnier

....

....

Trouve le sens de pion dans la phrase :
Un nouveau pion travaille dans le collège.

a. Un terme ancien qui désigne un fantassin.

b. Une pièce que l'on déplace dans différents jeux.

c. Un surveillant.

1 point par mot pour la première partie et 1 point pour la deuxième partie. **... / 5**

Décomposer un mot et trouver des mots de la même famille (leçons 45, 46)

2 ☐ **Entoure le préfixe et le suffixe des mots puis trouve trois mots qui appartiennent à leur famille.**

a. Dérégler : ....,

................................, ...

b. Atterrir : ....,

................................, ...

0,5 point par réponse. **... / 5**

Bilans

Former des noms et identifier un champ lexical (leçons 47, 48)

③ ☐ À l'aide des suffixes *-eur* et *-ation*, forme des noms correspondant aux verbes.

a. nager → le ....

b. lancer → le ....

c. courir → le ....

d. créer → la ....

À quel champ lexical appartiennent les mots a., b., c. ?

....

1 point par réponse. **... / 5**

Maîtriser les niveaux de langue et reconnaître le sens figuré (leçons 49, 54)

④ ☐ Trouve le niveau de langue des huit mots en gras et entoure ceux qui sont au sens figuré.

a. Paul est coincé dans les **embouteillages.**

b. Arrête de **loucher** sur mes **frites !**

c. Il y a du **tumulte** dans les couloirs.

d. Marc souffre de **céphalées.**

e. Ma **frangine** s'est fait **scalper** chez le **coiffeur** : je ne la reconnais plus.

Familier → ....

Courant → ....

Soutenu → ....

0,5 point par réponse. **... / 5**

Distinguer synonymes, antonymes et homophones (leçons 50, 51)

⑤ ☐ Regroupe les mots par deux pour former des synonymes, des antonymes ou des homophones.

lenteur – vérité – vert – mensonge – vers – chuchoter – leur – murmurer – rapidité – leurre

Synonymes : ....,

....

Antonymes : ....,

....

Homophones : ....,

....

1 point par couple de mots. **... / 5**

Connaître des noms composés (leçon 52)

⑥ ☐ Reconstitue les noms composés.

		• -manger
presse •		• -duc
garde •		• -à-vous
grand •		• -chose
		• -purée

1 point par réponse. **... / 5**

Connaître des racines et former des adverbes (leçons 53 et 55)

⑦ ☐ Trouve quatre mots français, dont un adverbe, construits avec la racine grecque *graph* (l'écriture).

....

....

2 points pour l'adverbe et 1 point pour chaque autre mot. **... / 5**

Retrouve-nous sur www.jecomprendstout.com, d'autres tests t'attendent !

N° d'éditeur : 10174615 – Laser Graphie – Décembre 2010 – *Imprimé en France par IME.*